★いいことばかり起きる女になる！

★

水晶玉子

集英社

装丁／海野光世
イラスト／ウメキマキコ

はじめに

いつもはじめに「言葉」があった、と思うのです。

何かを変えたいと思ったとき、つらいことや落ち込んだりしたとき、たまたま出会ったひとつの「言葉」が、そのトンネルの出口を見つける道しるべ、きっかけになることはとても多かった気がします。

言葉は目には見えないけれど、そんなすごく大きな力があることを、自分の過去を振り返りながら、この本を書いて改めて実感しました。

今回の本の企画をくださった集英社のTさんとは、昔からの知り合いで、十数年前、何をやっても時間がかかり、臆病でいつもウジウジと悩みがちだった自分が自分でとてもイヤで、相談というか愚痴を聞いてもらったことがありました。

「そうね。確かにあなたはゆっくりと進むタイプだけれど、でも、だから
きっと、急行列車で通り過ぎてしまう人は見落としてしまった
景色や道端の花とかも見つけることができるんじゃない？」
Tさんのその言葉で、私はとても心が明るく、
軽くなったのを覚えています。
今でも、時々、その言葉で自分を励ましたりするほどです。
占いで、大切なのは「言葉」です。
どんなにその未来を正確に看破しても、それをどう相手に
伝えるべきか、厳しい未来ならそれをうまく乗り越えられるように、
素晴らしい未来なら、その運気を最大限に活かせるように、
そういう配慮をもって言葉にできなければ、伝えてはいけない未来も
あるのではないかと思うほどです。
今回は、西洋・東洋の占いの基本的な考え方を押さえながら、

私自身のエピソードなども合わせて、私が占いとの出会いでさまざまに救われたように、占いそのものが持っている、人を救う力をお伝えしたいと思って書いた本です。

執筆には予想以上に、時間がかかってしまいましたが、Tさんご自身とかつてのTさんが私に言ってくださった言葉に支えられて書き通すことができました。

そして、この本の中で、あなたがそんなふうにひとつでも自分の支えになる言葉、心を明るく軽くするきっかけになる言葉に出会ってもらえれば、と心から祈っています。

月に、みなさんの幸せを願って…

目　次

第１章

占いは心のカンフル剤

何をやっても成功しない人なんていない

ある日、いつも仕事をしている若い女性向きの雑誌の編集者から電話がかかってきました。

「『女の子のプチ悩み相談』という特集をやるんですけど、その中のひとつを、玉子先生に回答をお願いしたいんですけど？」

引き受けて、そのある読者の女の子の悩みというのを聞いてみると、

『占い師の人に、あなたは何をやっても成功しない、と言われた言葉がずっと心の中にあって、気になっていて消えない』というもの。

「そんなふうな言い方しかできない占い師の言葉は、信じなくていいです」

その女の子の生年月日を聞いたわけでも、その占い師の方がどう占ったのかもわかりま

せんが、私は即断で答えました。

私自身は、自分が怖がりなのであまり使いませんが、占い師には、脅すような言葉で相手の心を動かそうとする方法を取る人もいます。でも、「何をしても成功しない」では、夢も希望も逃げ道もアドバイスもなく、それではまるで呪いの言葉。セクハラがあって、ドクハラ（ドクターから受ける苦痛・傷）があるなら、これは、占い師ハラスメントと言ってもいいのでは!?

私も、いくつかの占いを、ある程度は研究しているので、その占い師の方が、女の子の生年月日をどう読み取って「何をやっても成功しない」と言ったのか、いろいろな要因は、容易に推測できます。確かに、運命の乗りこなし方は難しい生まれかもしれません。でも、「何をやっても成功しない人」など、この世にいないのです。

すべての人は、与えられた運命の中で、自分らしい生き方を探りながら、自分にしか築けない幸せをつかむために、この世に生を受けたのです。世の中にはいろいろな幸せがあり、自分らしく精一杯生き抜くことが〝成功〟であり、〝幸せ〟であることを伝えるのが、占いのひとつの役割だと私は考えています。

その数日後、親しい友人の結婚を祝う、ささやかな集まりでのことです。そこで初めて会った女性が、私を水晶玉子だと知ると、

「ずっと悩んでいることがあるんです。昔、母が、占い師の人に、この娘（その女性）は、あなたをダメにする、あなたを不幸にする存在だ、って言われて……。それ以来、母はことあるごとに、それを私に言うんです」

一児の母には見えない、若くてチャーミングな彼女。聞けば、そんなふうに言ってつらくあたる母と、それでも結婚後も同居しているというのです。

それを聞いて、私は、その母子の関係が占い的にどういう暗示があるものなのか、昔、その母娘の相性を見た占い師が、なぜそんな言葉を残したのか、それぞれの生年月日を聞かなくても、だいたいの推測がつきました。

「その占い師さんが、本当に言わなくてはいけなかったことは、あなたとお母さんは、占

いで見ると、すごく縁が深い間柄だということだと思うの。だから、うっかりすると、依存しあったり束縛しあったりしがちだし、愛も深いから、憎しみあったり傷つけあったりもするのね。

そんなにぶつかりあうことが多いのに、今も同居しているのは、縁の深い証拠でしょ。でも、あなたのせいで、お母様が不幸せになったということは、絶対にないから。人は〝誰かのせいで不幸だ〟って言っているうちは、絶対に幸せにはなれないの。もし今、お母様が、自分の人生はダメだと思っているとしたら、それは、あなたのせいではなく、自分のせいだから」

後の章でも述べますが、切っても切れない家族という縁は、他のものには換えられない素晴らしいものである反面、一度ボタンを掛け違えたように、心と心の糸がこじれると、逃げ場のない牢獄のように、人を縛る鎖になってしまう場合もある、怖いものでもあります。

帰りのタクシーで、彼女は私に、「20年近く、背負っていた重い荷物を下ろした気分になれました」と、ホッとしたような表情で言って、帰っていきました。

深すぎる縁を自覚して、いい距離感を見つけることで、彼女と彼女の母親が、よりハッピーな気持ちで過ごせることを祈らずにはいられません。

「自分は母親を不幸にする娘」という長年の思い込みを、母親にも娘にも与えてしまった占い師の言葉もまた、きっと占い師ハラスメント。

占いの言葉は、科学のようにはっきり原因と結果を証明できるような根拠を持たないがゆえに、人はそれを求めてすがるし、拠りどころにもします。でも、少し扱い方を間違えれば、それは魔女の呪文のように、その人の心をがんじがらめに縛ってしまうことがあることも、私はこのふたつの出来事で痛感したのでした。


でも、ふと思い出してみると、私が少女の頃、最初に出会った占いの言葉も、どちらかといえば、魔女の呪文のようなものだった気がします。

「占いは、いいことを言ってくれたものしか信じない」

という、威勢のいい人にもよく出会います。

それは、その人が見つけた自分と占いとのスタンスですから、よいことだと思います。いえいえ、むしろ「悪いことのほうを信じて、注意します」という逆のことを言う人います。占い好きの人で、自分も占いに詳しい人は、どうも後者の〝注意する派〟の人のほうが多いようです。

かく言う私も、断然、悪いことを語る凶運のほうばかりが気になる〝注意する派〟ですが、それは私が、最初に出会った占いでは、何ひとついいことを言ってもらえなかったからでしょう。

不安から逃れるために占いにのめり込んだ少女時代

幼い頃の私は、本を読むのが好きな、空想好きな普通の少女でした。少し変わっているところがあるとすれば、本の中でも神話が大好きで、ギリシャ・ローマ神話はもちろん、世界各国の神話の本を図書館や本屋でずいぶん探したりしたもの。子供向けの聖書物語などもかなり熱心に読んでいた記憶があります。今にして思えば、幼な心に、何か人間を超えた大いなる存在に、興味を持っていたのだと思います。

占いとの出会いは、少女向けの雑誌の記事や家に置いてあった毎年の暦の本ですから、これもごく普通です。

まず、最初にはまったのは、西洋占星術のほうでした。ただ、雑誌や本を読んでいるだけでは物足りなくなって、専門書を探すようになりました。当時は今のように、多くの初心者向けの本はなく、大きな本屋でやっと見つけたマニアックな本に従って、自分のネイタル・チャートを作ってみました。

でも、完成に近づくにつれ、ワクワクしていた気持ちは、どんどんしぼんでいきました。ビックリするくらい、各惑星が特異な形の配置になっていったからです。いわゆるハードアスペクト（星と星が作る角度が180度、90度、0度）だらけ。そのころの西洋占星術の解釈本は、単純に、ハードアスペクトを凶運、ソフトアスペクト（60度、120度）を幸運としていたので、私は、苦難の多い人生の刻印を押されてしまったのです。

なかでもショックで、ずっと心から消えない呪文になったのは、「芸術で挫折」というひと言解釈でした。文学少女で、文を書くのも絵を描くのも好きで、自分には何か特別な才能があるのでは？　と思いたかった10代の少女の膨らんだ自意識と未来への曖昧な期待に、その後はいつも、そのひと言がトゲのように突き刺さっていました。そして、進路の選択や何かに挑戦しようとする気持ちに微妙なブレーキとして働いた気がします。その言葉に強く心が反応したのは、どこかで自分自身でも、そこに自信を持ちたいけれど持ちきれなかったからでしょう。

今でこそ、「芸術の才能は、やっぱりなかったよね」と笑って言えますが、当時はかなり落ち込みました。

西洋占星術ではどうも未来に芳しい人生模様を見つけられなかったため、次にはまったのが四柱推命でした。東洋の違う占いなら、少しは何かいいことを言ってもらえるのではないかと思ったのです。

でも結果は、もっと奈落の底に突き落とされました。その頃の解説本は、封建的な時代に書かれたものの直訳でしたから、女の人生は、結婚運に恵まれるか否かで決まり、人生の成功のイメージもかなり古臭いものでした。でも、それによると私の人生は、まったくいいところなし。根無し草のような、よるべのない日々を送る、ほとんど生きる価値のないような人生、という書かれようでした。

結構傷ついた私は、それ以来、占いへの興味を一旦、意識的に閉じた気がします。先にご紹介した投書の女の子や母親との関係で悩む女性と同じです。占いのネガティブな言葉に縛られて、自分の人生を暗いものにしそうだったからです。

10代から20代前半の私は、家庭や家族に大きな波乱もなく、自分自身も健康でしたし、勉強にあまり苦労することもなく、受験も適当にクリアしていました。もちろん、日々小さないさかいはありましたが、友だちにも恵まれ、いじめとか不登校とか、深刻な問題にも出会わず、悩みは恋愛、ボーイフレンドのことぐらいという、振り返って語れば、表面的には、まったく穏やかな恵まれた日々でした。

けれど、その頃の私は、あまり生きていたくなかった。死ぬことばかり考えていました。友人にも家族にもあまり話さなかったし、話せば、何が不満なの？　何が苦しいの？　と驚かれるばかりだったでしょう。特に、友人の中では、わりと明るい自分を装っていました。実際、友人といるときは、とても楽しかったのです。

でも、家ではむっつりして不機嫌な娘でした。そんな私を扱いかねて「おまえは家族が嫌いなの？　何を考えているのか、まったくわからない」と、母に嘆かれたことがあります。でも、その頃の私は、自分がなぜ生きるのが怖くて苦しいか、ということをうまく説明できませんでした。

占いに興味を持ったのも、そんな心の中の空洞のような闇から噴出してくる、不安や苦しみを何かで救ってもらいたかったからでしょう。

思春期からずっと続いたその頃の私の悩みを、今、ひと言でいえば、こういうことです。

「誰もがいずれは死ぬのに、なぜ生きなければならないの？」

とても哲学的な悩みのようですが、子供というのは、他に生活の現実的な悩みがないこともあり、ビックリするほど深いことを考え、悩んでいるものです。私は、多少感受性の強いほうだったかもしれませんが、特別変わった少女であったとは思っていません。その頃は、現代に比べるとのんびりした時代でしたが、今も昔も、同じようなことを深刻に悩む少年少女は、きっと意外に多いと思います。

いじめや受験などの悩みに比べれば、バカみたいな悩みと思うかもしれませんが、いじめや受験など、具体的な対策や対処法が考えつく悩みに比べると、答えのない迷路のような悩みでした。

でも、こんな根本的なことで純粋に悩めるのは、実は、青春の特権だったのでしょう。明るすぎる光は、どこかに暗い影を作ります。「死」とは最も遠いところにいる、エネルギーと若さにあふれるときだからこそ、「死」を思うことができる、「死」を身近に必要とすらするときだったのかもしれません。

なぜ、光輝くような若い日々に死ぬことばかりを思って過ごしたのか。年齢を重ねた今は、よくわかります。

いつか確実に訪れる「死」を思うことで、不確かで、奔放で、どこに伸びているかわからない、恐いほどのエネルギーに満ちた若い「生」を、少しはなだめようとしていたのかもしれません。そして、死ぬことが怖かったのです。怖くて怖くてたまらないから、それがいつ来るかいつ来るかと、脅えながらジリジリと暮らす、これからの人生という重みに耐えられない気分で、ひと思いにやってくる潔い死を妄想するのが、若い日なのです。

中学か高校時代に読んだ、高村光太郎の『智恵子抄』という有名な詩集の中に「人生遠視」という一編がありました。

精神に異常をきたした妻・智恵子の闘病が始まった頃の詩だったのだと思います。いつまで続くかわからない、苦難が待っていそうな今後の闘病の不安にざわざわする気持ちを、足元から飛び立つ鳥にたとえた短い詩です。その最後の2行――

「照尺距離三千メートル、
ああ此の鐵砲《てっぽう》は長すぎる」
このフレーズを私は、つい最近まで「この望遠鏡は長すぎる」と覚えていたのに気づかなかったことには笑ってしまいますが、同時に、その覚え間違いが、その頃の私の気分を端的に表していたように思います。長く重い望遠鏡で、これからの長い人生を見通すことに疲れ、脅えていたのです。いいことがあると約束されたわけでもない、幸せになれるか

どうかもわからない日々を過ごさねばならない不安に押しつぶされそうだったのです。それも、いつか確実に死ぬ日を待つために……。

それなら、いっそ今のうちに死んでしまいたい、と真剣に思っていたのです。

そんな中で、唯一の望みが、恋愛と結婚でした。親にいつまでも頼っているわけにはいかないし、誰か一緒にこの長い人生を歩いてくれる運命の人が現れて、この長く重い望遠鏡の重さを2分の1にしてくれる。この不安だらけの不確かな人生も、ふたりになればきっと確かなものになる。だから、パートナーになるその人には、私のこの不安をわかってほしい、わかってもらえると過剰な期待をかけていました。

でも、同年代の男の子に、そんな心に余裕のある人は、まずいませんでした。最初は、明るくて楽しい女の子だと思ってつき合い始めたら、なんだか本性は、やけに陰気で理屈っぽい、〝面倒くさい〟を絵に描いたような女ということが次第にバレるというパターンで、若い頃の恋愛は、結果的に全敗でした。稀にこんな私を引き受けようという感じになってくれた男性もいましたが、そういう相手には、私自身が熱くなれずに振ってしまったりもしました。思えば、本当はこの心の空洞を埋めてくれる人は誰もいないことをわかっていたのかもしれません。

そして、恋愛の成功が唯一の生きる望みであったがゆえに、失恋のショックはとても大きく、そのたびに何度か真剣に自殺を考えたことがあります。

手首を切ってみたら、痛くて驚いた。睡眠薬を買い集めて飲んでみたら、吐いた。地下鉄の駅で、電車が来ると飛び込みそうな自分がいて、毎日、乗らずに歩いた……。まるで笑い話なのですが、当時はギリギリの精神状態で、死にたいと思いながら、死ぬこともできない自分が、また嫌いでした。

「死」をもてあそんでいるように、思うかもしれません。実際、そうだったのかもしれません。でも、その頃は、「いつか死ぬ」ではなく、「いつ死ぬ」という期限を自分で作り、緊張感をもって、その日まであれをやっておこう、これはキチンとしようという気分で、やっと生きていたような感じでした。その期限の日が来たら、「あ、まだ、もう少し生きてみようか、生きられるかも」と死の期限を延ばす、ということの繰り返しでした。

衝動的に、パッと死ななかったのは、「死んだ後にカッコ悪いものを残したくない」という私の見栄っぱりな性格によるものでしょう。もうひとつは、「親には悪いから、何かひとつは孝行したい。受験中の妹がかわいそうだから、それが終わるまでは……」とかいう家族へのささやかな思いやり。今にして思えば、結局はこの家族への思いが、死への本当の抑止力だったと気がつきます。「ここで、自分が死んだら、親はどれほど悲しむだろう、自分を責めるかもしれない」、そんなふうに思えるように育ててくれていたというのが、自分が愛されて育てられたなによりの証拠だったと、後に心から感謝しました。


この時点で、最初に出会った西洋占星術、四柱推命が示した、私の性格、人生は、結局、当たっていたのでしょう。

強い精神的な葛藤、現実感のない、出口のない悩み、表面的な人間関係と孤独、悲観的な人生観……。でも、その頃は、ネガティブな暗示ばかりの結果しか出てこない占い自体への情熱は下火で、単純に好きになった相手の性格や相性を占いで見る程度でした。

でも、ある日、私は占いの面白さと運命の不思議議さを思い知らされる、ある出来事に出会います。

偶然の出会い！　人生は生きてみないとわからない

学校を卒業して、適当な会社に新卒正社員で入ったものの、仕事に面白さも、さしたる興味も見出せず、むしろ社会の中での自分の無力感を感じるばかりだった頃、手痛い失恋をしました。本音では、就職なんかせずにその人と結婚したかった相手でした。

「二度とこんなに人を好きになることはない」と思い詰め、生きる気力がからっぽになり、もう自殺するしかないという気分で、〝自殺記念日〟も決め、今度は失敗しないようにと、市販の睡眠薬をかなり買い集め、遺書も書き始めていました。その記念日があと3日後に迫り、ものすごく落ち込んでいるはずなのに、なぜか予定どおりテキパキ動いているような、妙なテンションの日だったその日。仕事でいつも通っていた都心の地下街を、駅に向かってトボトボと歩いていて、ふと角を曲がると、向こうから見覚えのある男性がやって来るのです。まさに、その数カ月前別れを告げられて、思い出したくもない醜態をさらした元恋人です。避けるまもなく目が合ってしまい、バッタリ向き合うことになったふたりは、気まずいというより、すごく驚きあってしまいました。

「なんで、こんなところにいるの?」

当時、彼は地方都市でサラリーマン生活を送っていたからです。

「本社研修で東京に来たんだけど、道に迷っちゃってさ、さっきからこのあたり何度もウロウロしてたんだ」

そして「元気? ○○クン、心配してたよ」と、共通の友人の名前を出して、まるで人ごとのように言うのです。元気をなくさせた張本人は自分なのに…。「憎い」と感じたのも一瞬で、もう二度と会えないと思っていた人に、こんな奇跡のような偶然で会えるなんて！　とすっかり舞い上がっていました。そして、「きっと神様が会わせてくれたんだ、やっぱり縁があるんだ、この人こそ運命の人なんだ」と思い、「きっともう一度、やり直せる」と、いきなりポジティブシンキングに変わり、また彼とつき合えるように頑張ろうと決めたのです。

その結果は、数ヵ月後にもう一度振られただけでしたが、不思議に、その後は、あまり「死にたい」と思わなくなりました。

——だって、あんな信じられない偶然があるんだよ、人生、生きてみないと、何が起きるかわからない。どうせ、いつかは死ぬんだから、死ぬまで生きてみてもいいじゃない、面白いことも少しはあるかも——。

多分あの日、地下街のコーナーが、私の人生の、次の季節への曲がり角でもあったのです。そこで、なぜか少女の頃に持ってしまった長く重い〝望遠鏡〟を捨て、とりあえず動いてみようと、歩きやすい靴をはき、悩み、恐れるだけでなく、周りの現実にちゃんと関わっていこうと考えるようになったのでしょう。あの日出会った元恋人の彼は、ひとつの季節の幕を引いてくれた、やはり運命の人でした。

それから私は、正社員というだけでなんのビジョンもなく就職した会社を1年未満でやめ、アルバイトでしたが、少しは自分に興味の持てそうな分野に近い職場を探して、転職をしました。

占いに本格的に興味を持ち始めたのも、この頃からです。あんな奇跡のような偶然に出会えるのは、どんな日だったの？　私と彼の相性はどういうものだったの？　今度はいつまた、私の人生に奇跡が起きるの？　もっともっと深く広く勉強して、人との出会いの意味、毎日の起きることとの意味を知りたい。それを知るまで死にたくない、死ねない、と私の心のベクトルがまったく違う方向に向いて動きだしたのです。

そして、占いを深く知っていくと、どの占いもあるシンボライズされた暗示をどう言語化していくかで、さまざまな解釈が成り立つことがわかるようになりました。

たとえば最近では、その解釈が一般的にも浸透してきたように思いますが、西洋占星術のハードアスペクト（星と星が作る角度が180度、90度、0度）の状態も、必ずしも凶運と決めつけるようなものでもないのです。その葛藤や対立や矛盾を解消するために、苦しみながらも、新しいことを生み出す力も与えるのです。心が磨かれ、精神が少し高い次元に導かれるためには必要なものでもあるのです。

「才能とは葛藤から生まれる」ということは、私が占い技法を学ぶ中で気づくことができたことのひとつです。そう、気づくことができたのは、私がもともとハードアスペクトやら、ぶつかりあう星を多く持つ生まれだったからかもしれません。苦しいから、物事をいろいろな方向から見て、一歩深く踏み込んでも、何か別の見方、別の言い方をして、それを解消しようとする中で、そんな言葉が生まれてくるわけです。

「才能とは葛藤から生まれる」とつぶやいてみると、「悩み、苦しんでいる自分はもしかしたら、何か新しい才能を見つけようとしているのかも？　新しく変わろうとしている、それは成長かも？」という気持ちになっていくのです。

こうやって、言葉は目に見えないけれど、人を変える大きな力を持っていることを知ったのです。

私は、元の恋人とすれ違ったあの日から、死ぬことを考えなくなったと言いましたが、それは、振り返ってみて初めて、そこがきっかけだったとわかったこと。人間の心は、そんなにシンプルではないし、感情は日々波のように細かく揺れるものです。

その後も「もう死んでしまいたい」と思ったことがなかったわけではありません。いろいろな出来事の中で、何度も何度もありました。毎晩、過ぎてしまった過去を思い、思うようにならない未来を憂い、涙を流し、人を恨み、自分を傷つけたい気持ちの日々もありました。

そんな日に、いろいろな占いの本を読みました。そして、自分にいつ幸運の運気が来るかを、変化がやってくるかを、一生懸命割り出して、「その日まで生きよう」と思ったのです。いつか、元カレと偶然すれ違ったような、奇跡的な出来事がやってくる日もまた、あるかもしれないし……。勝手に決めていた〝自殺記念日〟が、占いの〝幸運の暗示日〟に変わっただけかもしれません。でも、その日を目標に毎日をしのぐうちに、いろいろなことで心が癒され、別の楽しみも見つけられていったのです。そして、やってきた〝幸運の暗示日〟には、あまりパッとしたことが起こらず、気がつけば過ぎていて、「あれ？」と思うこともしばしば。でも、そんなふうにお気楽に、つらかった気持ちを忘れて過ごせるようになったことが、新しい幸運の日々である証と思うこともできたのでした。

死にたいときは生きたいとき

もう、いつのことか忘れましたが、やはり毎日の生活がつらくて、死にたいというよりはこの世から消えてなくなりたい、何もかも捨てて、もうどこにも存在したくないような気分だったときのことです。

テレビの報道番組が、障害のある方の施設で自分の人生を賭けてお世話をしているボランティアの方を紹介していました。その人にはその人なりの縁や使命感があって、そういう生活に飛び込んだのでしょう。

「立派だなあ……」ぼんやり見ていた私にも、その人は神々しいまでに美しい献身的な姿に映りました。そのとき、誰かが私の心の中で私に向かって言うのです。

「おまえさ、そんなにすべてが嫌で、死のうと思うなら、今の生活を何もかも捨てて、こういう人里離れたところで、誰かのためにその命を使ったほうが、よっぽど命の有効利用なんじゃないの？　本当に死のうと思うなら、できるでしょ」

確かに、とりあえず健康で、普通レベルの能力があるこの命、自ら死んで何もかも消してしまうなら、困っている人のために、誰かのために自分を捨てて尽くすこともできるはず。そうは思うのだけど……やっぱり、できない。死にたいと思っているはずなのに、今の生活の何もかもを捨てて、まったく違う生活に飛び込むことも、やっぱりできない自分がそこにいたのです。

そのとき、ハッとして、私はやっとわかった気がしました。

「死にたいときは、生きたいとき」だ、ということが。

死にたいと思うのは、自分の考えているような、思い描いた生き方ができないから。そんな自分を〝殺したい〟だけなのです。死にたいほど現状が嫌で、死にたいほど別の生き方がしたいだけなのです。それなのに、その今とは違う別の生き方への願望や執着が強すぎて、心が動かない、現実を動かせない不満や不安を、死につなげていたのです。

私が本当に死にたいと思わなくなったのは、このときからだと思います。思うようにならない人生が苦しくて、ヒステリックに死を思うことも、低い音でずっと心の中に流れていた自殺願望のささやきもすっかり消えたのは、このときからです。実は「死にたいほど、別の生き方がしたい」という気持ち、「死」を思う裏側にあった、本当は自分が思い描くような自分の生き方がしたくてしたくてたまらない自分に気づいたからです。

夢占いでは、自分の死の夢は意外にも吉夢とされます。心理学的にも、夢の中で無意識に〝過去の自分〟を殺し、新しい自分に生まれ変わろうとする気持ち、予兆を示すそうです。「死にたい」と思うのは、今と過去の自分を殺したかっただけだったのです。

それから、何かつらいことがあっても、「死にたいときは、生きたいとき」と心の中でつぶやくと、心が前向きになりました。この言葉を思いついたから、私の心は変わったのかもしれません。「死にたいときは、生きたいとき」と自分に言い聞かせ、では、このつらい状況を変えるために、何を変え、何をしたらいいのか、という考え方をするようになったのです。自分の強烈な生への執着を自分で本当に肯定できるようになるまでに、思春期の頃から、10年以上たっていたでしょうか。

また、人間関係においてずっと自分は、外で明るくて誰とでもうまくやろうとする〝仮面〟をつけていると思っていましたが、それは〝仮面〟などではなく、自分がそうしたかったからこそできたわけで、それもまた嘘、偽りのない自分の姿であると、自分で認めることができたのもその頃からです。

人間って、ずいぶん変わるものだと身をもって実感したとき、やはり占いが気になりました。10数年に一度というような大きな転機はいつ来るのか、長いレンジで人間はどう変わるのかが知りたくなったのです。変わることは凶運、変化は怖いと思っていましたが、いい変化、素晴らしい変化もあるのです。占いは、恐ろしい、怖い未来も暗示しますが、同時にいつも明るい未来をも暗示もしていたのです。ただ、それまでの私は明るいほうに目を向けていなかっただけなのでした。

物事は、表があれば裏がある。怖いだけ、苦しいだけのような星の暗示も、裏を返せば、新しい生き方、別の考え方の提案でもあります。そうイメージすれば、ネガティブもポジティブに変えられるでしょう。そのイメージを変えるきっかけが、言葉なのです。

第２章

時間を味方につける

大人になりたくなかった若い日の私

私には、6歳、3歳違いの兄がいます。

子供の頃、いつもひと足先に、上の学校へ行く兄たちを、まぶしい気持ちで見ていました。中学・高校で新しい制服を着た兄たちは、とても大人びて見えました。自分も中学生・高校生になったら、どんなに大人になっているのだろうと想像していたのに、実際にその年齢になってみたら、気が抜けるくらいまったく子供で、何も変わらなかった……。こんな経験、誰もがあるのではありませんか?

自分より年上の人、自分から見て、未知の年齢を生きている人はみな、いつもとてもしっかりしていたり、迷いがないように見えるもの。でも、必ずしもそうではないことは、自分がその年齢になってみてわかるのです。

好きなこと、バカなことを思い切りやって弾ける勇気もなく、一応、学校だけは順調に卒業し、普通に社会人になった私は、それなりにそれを繕うことも知っていたけれど、実生活では、かなり幼稚な部分をいつまでも持っていたほうです。

確か22、23歳の頃です。何について話していたか忘れましたが、ある男友だちとドライブをしていたとき、何かに憤慨した拍子に、私は思わず「そんな妥協をするのが大人なら、私は大人になんかなりたくない」と言ってしまいました。

するとと彼は、ほとほとあきれたという表情で、

「あのさ、大人になりたくないって言うけど、キミのいったい、どこが子供なの？　どこからどう見たって十分、大人だよ。見た目はもちろん、親元にいるけど、一応、自分で働いてるし、結婚するのに親の許可もいらないんだよ。キミは全然子供には見えないんですけど…」

そう言われて、私は愕然としました。確かにもう、私の肉体は成長しきって大人でした。でも、働きだしてはいたものの、あまり深く現実の生活と関わろうとせず、自分の気持ち

や思いばかりに目を向けていた私の精神年齢は、完璧に反抗期の思春期のまま止まっていたのです。奇異に感じる人も多いと思いますが、まだ、それほど大きな責任を背負ってもいなかったその頃の私には、本当に自分が大人になったという自覚がなかったのです。思いがけないときにそれを指摘され、私は赤面しました。

その日以来、私は「自分はもう大人なのだ」と自分に言い聞かせるようになりました。というより、自分はもう周囲からは、十分に大人に見られるということを意識して生活しなければならない、と考えて過ごすようになったというほうが正しいでしょうか。

でも、本音の部分ではずっと不思議で、納得がいきませんでした。人間の肉体は時間とともに年をとっていくのに、心は必ずしも、体と同じように成熟していかない。肉体は確実に変わっていくけれど、心は必ずしも変わらない。少なくとも私は、肉体の変化のスピードに心がついていけない、と感じることが多かったのです。

そんな私の漠然とした心と体の違和感に、答えをくれたのも占いでした。

四柱推命など東洋系の占いでは、「甲・乙・丙・丁・戊・己・庚・辛・壬・癸」の十個の「干」と「子・丑・寅・卯・辰・巳・午・未・申・酉・戌・亥」の十二の「支」を合わせたものを「干支《えと》」と呼びます。十干と十二支が順番に合わせていった六十干支が、ひとつのサイクルで巡っています。60歳を「還暦」というのは、自分が生まれた年と同じ干支が60年たつとやってくる、そのことを意味するのです。

この「干」は「空間」、「支」は「時間」を表すもの、とされています。

占いの初心者の頃は、その先の具体的なことが知りたくて、まったく読み飛ばしてしまうような説明文ですが、ここにはとても深い意味があります。

「空間」といわれると立体的な形のあるものを思うかもしれませんが、そうではありません。「空間」とは、どんなに時間がたってもそこに存在するものを意味します。戦争で、焼け野原になっても、日本という空間は変わらず存在していました。といっても空間とは、土地のことではありません。日本が沈没してなくなっても、そこに空間は存在します。つまり「空間」とは、形がなく目には見えないもの、人間にとっては「精神」「心」

を表すのです。

一方の「時間」のほうが、目に見えないものではないか、と感じるかもしれませんが、それは違うのです。すべての生き物はいつか死に、形あるものはいつか壊れます。それはみんな時間というベルトに乗っているから。時間は、人間を成長させ、やがて老いや死をもたらします。新しい物は、必ず古くなります。「時間」とは、その経過によって変わっていく形あるもの、「現実」を表し、人間にとっては、それはこの「肉体」を表すのです。

人間は、目に見える「体」の中に、目に見えない「心」を持っているということを「干支」という文字は、はっきり表しています。そして、心と体は切っても切れないものであると同時に、「干」と「支」はそれぞれ別のもので、影響しあいながらも、違うサイクルで巡っているのです。「時間」とともに変わっていく「肉体」と時間に支配されない「心」をあわせ持っているのが人間。だから、私が、体はすっかり大人になっても、自立して生活をするようになっても、それに見合ったように自分が成熟していないことに驚いたりすることは、とても当たり前なことだったのです。

いつまでも自立できず、働く意欲を持てない若者、自分の子供を虐待してしまう親なども、他にもいろいろ理由はあるでしょうが、肉体は大人になったけれど、心がそれについていかない、そんな心と体のギャップの間に陥った状態なのかもしれません。それをよし、とするわけではありませんが、心と体は別サイクルが巡っているのですから、誰にでも、それは起こって不思議ではないことなのです。

エイジレスの本当の意味

〝エイジレス〟〝アンチエイジング〟という言葉が流行っています。

何歳になっても若々しくしていたい。老いを避け、若さを求める気持ちが、世の中の総意のようでもあります。

実際、手厚いケアやコントロール、栄養補給や厳しい鍛錬などで、肉体が刻む時間を遅らせることは、ある程度はできるようになっているのかもしれません。医学や科学が進歩し、みんながそれに配慮するようになった今は、私の幼かった頃に比べ、高齢の方はみな若々しく、元気に見えます。

でも、人間は生まれ落ちたそのときから、時間という現実の流れに乗せられます。その中で、肉体は時間とともに成長し、成熟し、老いて、死ぬ。人間だけでなく、命あるものはすべて、そんな限りあるタイムスケジュールの流れからのがれることはできません。生きているものはすべて時間という名の牢獄に入れられているのです。

〝アンチエイジング〟という名のもとに、あまりにも失われていく若さにこだわるのは、逆にその時間の牢獄を意識して、そこに捉われ、つらい日々を送ることにもなりかねません。どんなに頑張っても、生きているものは時間には絶対に逆らえないのです。

実は、そんなに頑張らなくても、人間には時間を超える、時間に負けないものも最初からちゃんと与えられています。それが「心」です。

若い頃に流行った音楽を聴いたり、懐かしい匂いなどに触れて、過去の思い出、そのときの自分の気持ちが、まざまざと蘇ることは誰でも経験があるでしょう。懐かしい昔の友人に会えば、今の互いの立場や年齢などを忘れて、語りあえたりすることもあるのではありませんか。「心」は、どんなに長い時間の流れも、現実的な隔たりも飛び越えていけるからです。

私が若いころは、アイドルを追いかけたり、エンターテインメントの楽しさにどっぷりハマることは若者の特権のように思っていました。息の長いアイドルのＳＭＡＰが登場したり、韓流ドラマが人気になったころからは、年齢や立場に関係なく、誰もが流行する魅力的なもの、好きなものに夢中になることを隠さず、それを堂々と楽しむようになった気がします。時には、母と娘で一緒に同じアイドルを応援したりしている女性ファンも珍しくなくなりました。報道などで映し出された、その人たちの表情は活き活きと輝いています。これはどんなスキンケアよりも、アンチエイジング効果があるのではないかと思います。

ふだんは、妻であり母であり、責任ある大人としてちゃんと生活をしていても、心まで全部、妻・母・仕事の肩書きに縛られるのは、結構苦しいことです。いつもそれにふさわ

しい自分でいようとするのは、なかなか大変。そんな立場だけに縛られたくない心は、誰でも秘めているはず。そして何歳になっても、きれいなもの、かわいいもの、素敵なものに心が動いて当然なのです。それが実際の恋愛になれば不倫であり、安定した現実の生活はメチャメチャになってしまうでしょう。でも「心」だけなら、そんな夢のような世界に自由に飛んでいけるのです。

素敵なアイドルやスター以外にも古墳ガールからスージョ（相撲ファンの女子）まで最近は、どんな対象でも自分の好きなことに対して素直にトキメいて、自由に追いかける女子が増えています。そうやって好きな世界に浸るそのとき、人の心は時間や現実の牢獄を超えて、自由に羽ばたくのです。これまでだって人間は読書や映画や、さまざまな空想や妄想で心を解放させていたのかもしれませんが、現実を壊さない範囲で心を自由に解放することが、いかに人を幸福にするかを最近は、みんながよくわかってきているようです。それこそ〝アンチエイジング〟の気持ちをみんなが自由に持ち始めたという証拠でもあるのでしょうが、もしかしたら、そういうふうに、心を解放しなければやっていけないほど、今の現実の社会には閉塞感が満ちているということかもしれません。

いずれにしても、それを現実逃避とは思わないでほしいのです。心と体は別々に存在するものではありませんが、それぞれ違う方向からひとりの人間を支えあっているものです。ときには体の力を大きくし、ときには心の力を大きくして、人は幸せに健全に生きていくものなのです。だからこそ東洋の占いは、森羅万象を「干」と「支」を合わせた「干支」で表したのです。

たとえ肉体は90歳になっても、時には少女のような心を持つことは可能です。お金がなかったり、時間がなかったり、体をそこに運ぶことはできなくても、想像したり思い浮かべることで心は地球上のどこへでも、宇宙の果てでも、遠い未来やはるかな過去へでも、行くことができるのです。体が動かなくなっても、心は旅人にはなれるのです。

年を重ねることを拒否するのが、アンチエイジングではありません。年をとるのは自然のことなのです。年はとっても、心は年齢に縛られすぎず、いつでも自由に動かせること。それが本当のエイジレスの意味なのです。

若さにとても大きな価値をおく世の中になったのは、いつの頃からなのでしょうか。アンチエイジングという言葉の裏にも、強い若さへの執着があると思います。

ある年代以上の未婚女性を敗者のように扱う風潮は、実は、世の中の蔓延している若さへの偏重の現れでしょう。

それは大昔の頃からあったことかもしれません。人間も、生物として種を保存できる生殖可能な個体が尊重されるのは、当たり前のことだからです。若さとは、その可能性を保持していることの現れだからです。男性はかなり高齢まで生殖能力を発揮できますが、女性の生殖能力は、それに比べると50歳前後の閉経で終わってしまいます。それでより一層、女性には若さを求められるのでしょう。

また、急速に変化する今の世の中では、年長者の経験や培った技術が活かせないことも多くなっています。それゆえ、年長者の長年の経験より、若い者の未知の可能性がもてはやされるのだと思います。

私も若い頃は、自分が年をとってだんだん価値のないものになっていくようで、とても不安でした。いえ、今でもその不安は誰でも抱えているでしょう。

肉体としての人間のピークは、20代。あとは誰でも緩慢な老化の時間を生きる。それは紛れもない現実なのです。

私の父が80歳を超えたころ、突然、電話で「最近は、体がいうことをきかなくてなあ」という言葉をもらしたとき、私はドキッとしました。若い頃から、エネルギッシュで、手先が器用でアイデアマン、世話好きで、話もうまかった父。娘に弱音を吐くようなタイプではありませんでした。でも高血圧で、降圧剤を飲むようになってから、少しずつ昔の勢いのよさが失われている気がしました。体が悪いわけでもないし、同じ世代の人の中ではかなり元気なほうだったでしょうが、若い頃の自分を思うと、できないことが少しずつ多くなって、小さな不自由を感じていたのでしょう。そういえば、80歳で自動車の免許の更新もやめていました。

「でもさ、お父さん、体がいうことをきかなくなったぶん、何か心で強く感じることが増えたってことはないの？　80歳になって初めて気がついたり、思ったりしたことがあった

ら教えてよ。書き残しておいてくれてもいいよ」

「う……ん？」

ちょっとした愚痴に、ありきたりの慰めを期待しただけの父は、この理屈っぽい娘の妙な返答に、ぼんやりするしかなかったようです。

ある年齢からは、体より心へ、生きる重心を移して

若いときにしかできないことがあれば、年をとってからしかできないことも、必ずあるのです。年をとって、見えなくなることもあれば、年齢を重ねなければ絶対に見えてこないこともたくさんあるでしょう。私は、単純に80歳を超えた父親が何をどう感じているのか、とても興味がありました。そして、何歳になってもできないことではなく、できることに目を向けていてほしいと願っていました。

私が、自分の青春時代のことを少し冷静に、客観的に見て書くことができるようになったのは、その時期をはるか遠くに離れたからでしょう。自分が父の年齢になったときに、いろんなことを、どう感じているのか。すごくネガティブな考え方しかできない自分になっていたとしても、その年齢になって初めて感じられることがあるのではないかと、そこまで生きられるかどうかわかりませんが、少し楽しみです。

多くの占いは、時間の考え方、扱い方を教えるメソッドです。時間の変化を知り、タイミングをつかむ知識でもあります。

占いを学んでいると、誰にでも必ずある時期に訪れる、共通の変化のタイミングがいくつもあるのに気がつきます。数え年齢で、女は33歳、男は42歳の厄年などは有名です。西洋占星術では30歳前後にサターン・リターンという土星回帰の時期が自己改革のタイミングとなることも、よく知られています。四柱推命や中国算命学では、10年単位で運気が大きく変わるとされ、これを「大運」というのですが、この「大運」は、誰でも40代〜60代で、一度は自分の持って生まれた「干支」を破壊するようなものが巡ってくるのです。その怖い10年間の運気をどう考えていいかわからず、かつて個人的に師事していた、今は故人となられた算命学の大家の老師に教えを乞うたことがあります。

「そこからは、体よりも心優位に生きるべきときだ、ということだな」

答えは、それだけでした。

けれど、私はそのひと言で、心が晴れた気がしました。年を重ねていく不安が少しずつ消えたようでした。

若いときは基本的には、誰でも体優位の時代です。個人差はあるけれど、若い体には現実的なエネルギーが満ち溢れています。だから恋をして、子供を産み育て、働いて財を蓄えて、リアルな現実の世界を生きられるのです。スポーツでも記録が出せます。でも、ある年齢を過ぎたら、誰でも体のエネルギーは確実に低下していきます。でも、きっとそれに反比例するように、心の力は大きくなっていくはずなのです。

年を重ねることはただの老化ではなく、体から心へ、現実から精神的なものに生きる重心を移していくことだ。そう考えれば、少しは年をとることへの不安やストレスは消えるのではありませんか。肉体を燃焼することで、心のパワーが作られる。長くても短くても、肉体が燃焼し尽くして死を迎えるときは、その瞬間に心のパワーがフルになる、そんなイメージでもいいかもしれません。

ある年代以上の未婚・子供なしの女性を人生の敗者のように扱う風潮は、目に見える現実だけを重んじた視点です。けれど、若さやお金など目に見えるものだけを大事にすることは、それは、ほとんどやがては必ず失われていくものなのですから、人間を苦しめるだけです。たとえ今は、夫も子供も、仕事もお金も、すべてに恵まれている、いわば勝ち組の人生を生きている人も、それらがいつか姿を変えていくことを忘れて、それに執着すれば、それはみな苦しみの種に変わってしまうでしょう。

若さやパワーは失われていくにつれて、心は豊かに満たされていく。昨日できたことが、きょうできなくなっても、きっと、昨日わからなかったことが、明日はわかるという日が来るかもしれない。そんなイメージで生きることができたら、年をとることはきっと恐くない。今は、そんなふうに思えるのです。

第３章

愛は自家発電

多くを愛する者は、多くの悲しみを得る

幸せに欠かせないものは、やはり愛です。

愛する人に出会い、愛されること。愛に満ちた家族、愛に支えられた人間関係。人間だけでなく、さまざまなものに対する愛があってこそ、幸せな人生です。

だからこそ、悲しみや悩み、苦しみの多くは、思うようにならない愛がもたらすものです。愛されたいのに、愛されない。どこを探しても愛に出会えない。愛するものを見つけられない。深く愛するものと別れなければならない……。

「多くを愛するものは、多くの悲しみを得る」という言葉を何かの本で見つけたのは、やはりまだ、ほんの少女の頃でした。さまざまな恋や愛を夢見ていた当時の私は、その意味がよくわからないまま、愛への恐れや不安とともにその言葉を心に深く刻んだものです。

そして実際に人生の時間を重ねていく中で、その言葉を何度も思い浮かべました。確かに失恋や離婚などで味わう苦しみは、その人を愛したからこそやって来るもの。どんなに深く愛しあえる相手と出会えても、やがて死によって離れ離れになる日は必ず来ます。そう考えれば、愛したときから、悲しみが始まるのです。

では、悲しみたくないから愛さなければいいのでしょうか?

そうはいかないのが人生です。愛したくないと思っても誰かや、何かを愛してしまうのが人生。愛されたい、愛したいと願ってしまうのが人間なのです。愛のない人生はそれこそ生きなかったのと同じでしょう。愛が報われない苦しみや失われることの悲しみも一緒に引き受けることが愛、なのかもしれません。

占いでは、愛というものを、どのように考えているか。その根本を考えてみると、こんな愛の苦しみや悲しみの謎が少しわかるのではないでしょうか。そして、愛することと、幸せな愛を得ることのヒントも得られると思います。

表1

陰陽五行の位置関係

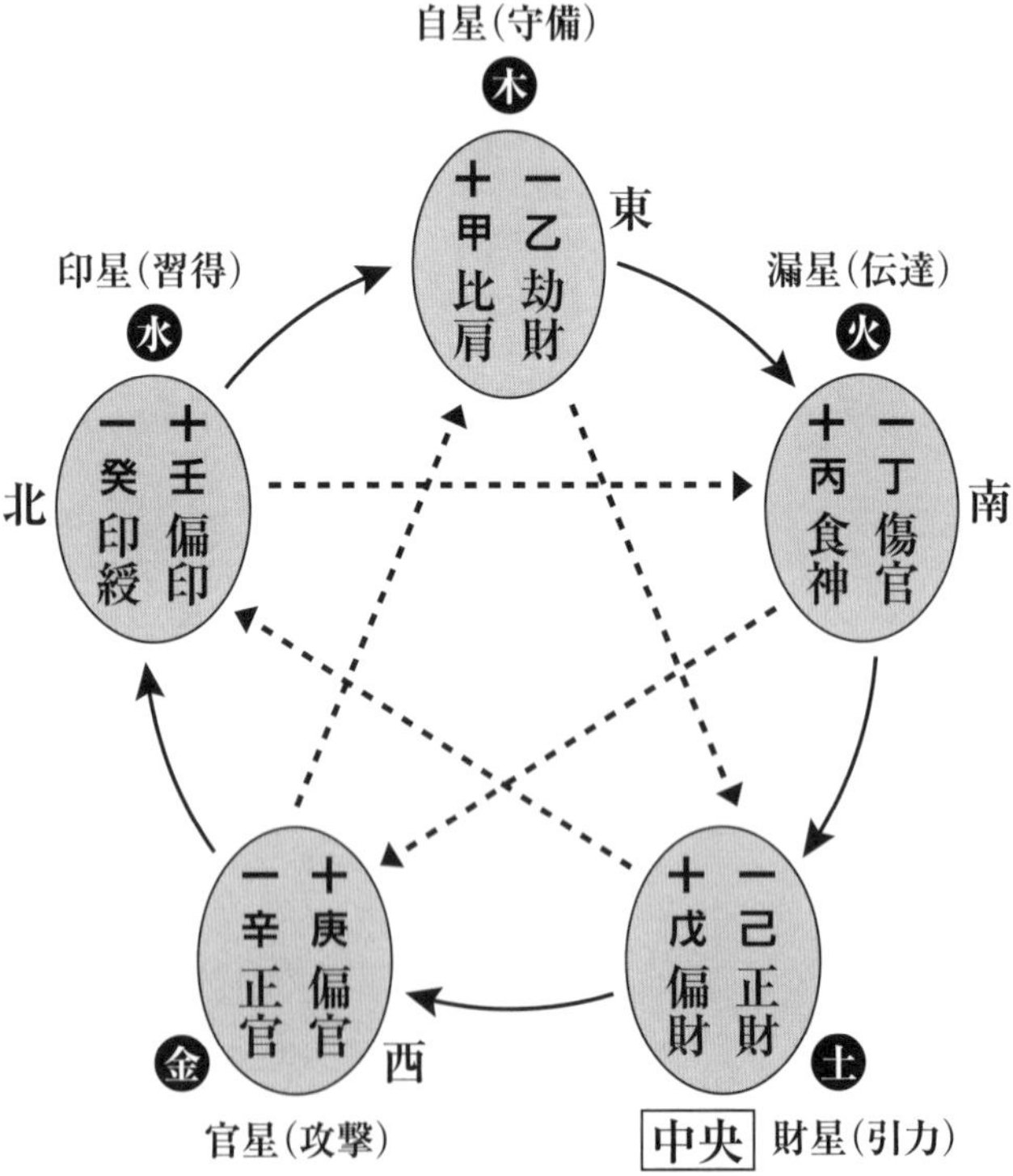

愛情とお金を表す「財星」と仕事や立場を表す「官星」は、自分自身の星「自星」からみて、剋す(傷つける)、剋される(傷つけられる)ことで生まれる星。ここに愛やお金というものの本質・扱い方の秘訣が……。

表2

西洋占星術で12のハウスが意味するものとその位置

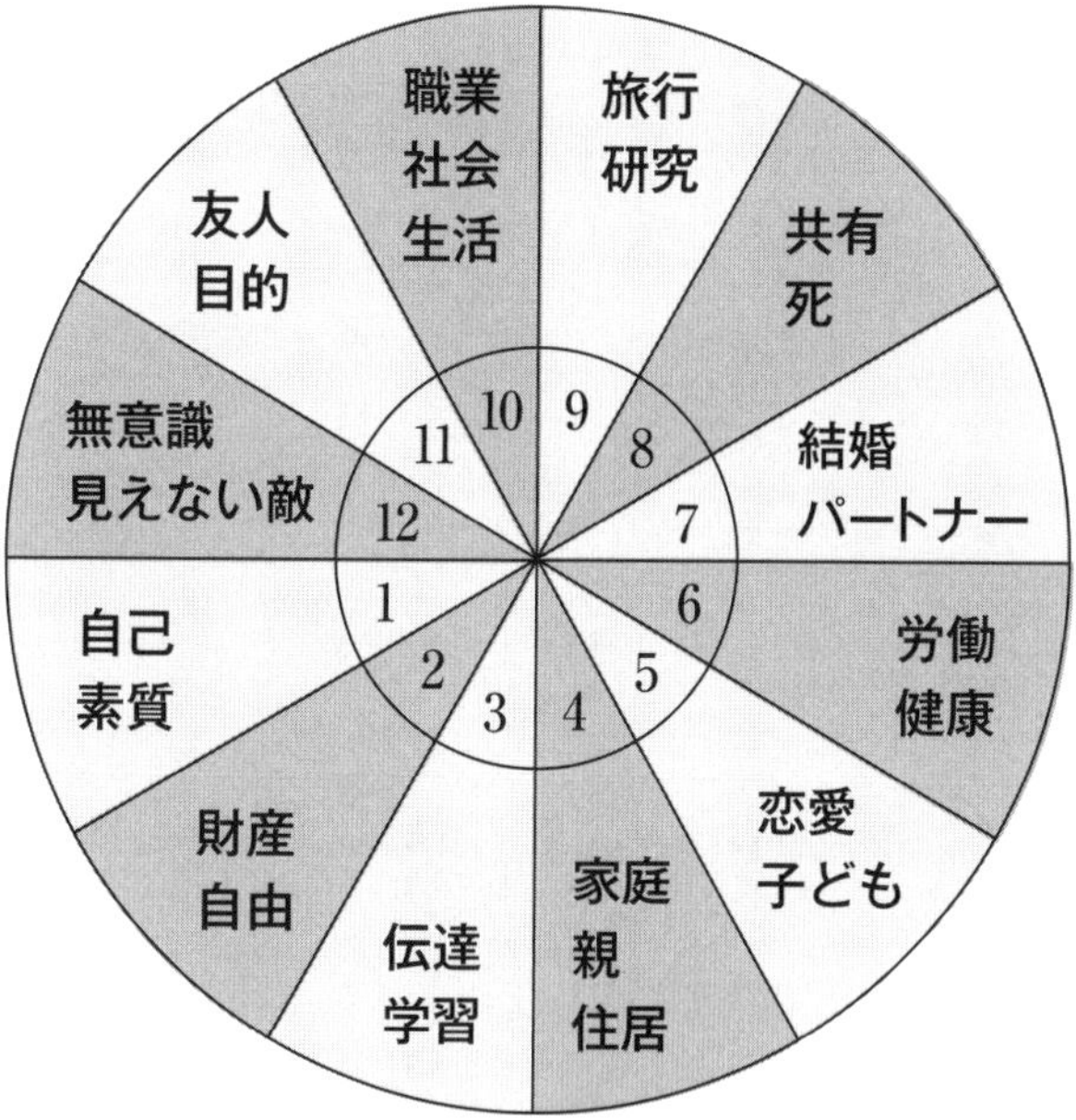

恋愛を司るのは第5ハウス、結婚は第7ハウス。西洋占星術では恋愛と結婚は別のものです。自分を表す第1ハウスから見て、恋愛のハウスは調和的な120度、結婚のハウスは緊張と対立を意味する180度の位置にあります。

四柱推命など東洋系の占いでは、愛を表すものは「財星」と呼ばれるものです。財星には、正財と偏財のふたつがあり、伝統的な解釈では、正財が正妻で、偏財は愛人を表すとも言われています。いずれにしても男性にとって女性の愛を得ることは「財産」を得るのと同じことなのです。一方、女性にとって男性の愛を得る星は「官星」と呼ばれます。官星には、偏官と正官があり、やはり偏官は愛人、正官が夫を表すとされます。「官星」は、立場を表す星で、女性にとって男性の愛を得ることは立場や役割を得ることに通じるのです。ちょっと封建的な考えのように感じるかもしれませんが、男女が同じように働く現代でも、女性が子供を宿して産むという生物としての特性がある以上、この考え方は人間のひとつの真実を表しています。

この「財星」というのは、自分の星が相手を剋する（傷つける）ときに生じる星です。「官星」は、自分の星が相手から剋される（傷つけられる）ときに生じる星です。

つまり、愛とは、傷つけ、傷つけられるところに生まれます。愛し、愛されることがもたらす幸せは、同時に苦しみや悲しみ、悩みとワンセットであることも、この占いの理論はっきりと示しているのです。

また「財星」は、もちろんお金や財産を表す星でもあります。子供も子宝、財産でもあるのです。「官星」は、社会的な立場ですから、仕事運、出世運も表します。「お腹を痛めて」子を産み、「身を粉にして」働くのが人生で、大切なものはやはり自分を傷つけたり、人を傷つけながらでなければ手に入らないものでもあるのです。でも、それらは、傷ついたり、傷つけたりしても手に入れる価値のあるものということでもあるのです。

また「財星」を解釈するときの言葉のひとつに「奉仕」があります。一方の「官星」のひとつの解釈は「犠牲」です。似たような言葉に思うかもしれませんが、少なくとも東洋の占いでは、大きく意味が違います。

「奉仕」は、自ら進んで相手を喜ばせようとする行為、相手に何かを与える行為、そして相手を喜ばせることによって自分への愛を得ようとする自己顕示欲にも通じます。

「犠牲」は文字通り、何かのために自分を捨てて、何もそこから見返りを求めない、無償の行為です。

自己顕示欲というと、打算的に思うかもしれませんが、愛したら愛されたいのは当然のこと。そのために自分がどれだけ相手を好きか、自分がどれだけ相手を幸せにできるかをアピールするのは、生き物として当たり前のことです。クジャクのオスが美しい羽を広げるのは、生殖活動を求めてメスの気を引くためということはよく知られていますが、動物はみな異性の気を引くために、自分の強さや美しさをアピールするものです。西洋占星術でも、恋愛を意味するハウス（ホロスコープの基本の枠組み）の位置である第5ハウスは、同時に自己表現、アピール力、創作の欲求を示す場所。愛は、まず奉仕という形での自己発揮から始まるのです。

62ページの図を見ていただくとわかりますが、五行の循環にならえば、「財星」が「官星」を生みます。つまり、奉仕が愛になり、愛から立場が生まれ、愛があるからこそ犠牲になることもできるというわけです。

奉仕と犠牲。相手を喜ばせることが自分の喜びになる。それが占いが教える愛の本質なのです。

だから、もしあなたが誰かを愛しているなら、まっすぐにその気持ちを言葉や行動に表すことを勧めます。

さまざまな事情で、愛していることすら伝えられない場合もあるでしょう。それならば、秘かに思い続けるのも愛の形です。また、相手に迷惑や負担のかからない告白の方法や言葉を考えるのも愛ですが、伝えてもいい相手なら、たとえ愛を返してもらえる望みはほとんどなくても、愛を伝えましょう。

私も、若い頃は何度も失恋をしました。片思いもしました。そんな報われない自分の愛はまるで空虚な宇宙に向かって無駄な放電をしているようで、愛ってなんと意味のない、無力なものだろうとずっと思っていました。

時折、そんな私にも愛を向けてくれる男性も出現しましたが、私は、せっかく愛してくれる人を愛せず、愛してもらえない人を追いかけることも多かったのです。

でも、あるとき私が、つらくてつらくて、消えてなくなりたいほど生きているのがつらいと思ったときに、ふと、かつて昔、自分に愛を告白してくれた男性のこと、その言葉を思い出したことがあったのです。その告白から、すでに長い長い時間がたち、その男性はきっとすでに今は別の女性を愛し、私に告白したことすら忘れているかもしれない頃です。でも、そのとき私は、「かつて、こんな私にも愛を向けてくれた人がいたんだ」という愛された記憶に心が救われたような気がしたのです。時空を超えて、その男性が私を愛してくれた気持ちが、そのとき私に届いたのです、愛は、こんなふうに幼い日の記憶のように人の心に残り、いつか蘇ったりすることを始めて知りました。

振り返って、自分のことを考えれば、私の報われなかった愛、受け入れられなかった愛も、いつかその男性を「かつて自分にも愛していてくれた女がいた」という温かい記憶になって、その人の心を救うことがあれば、意味のない空費された思いではなかったのではないか。そう、思えたのです。

もし、あなたが、今、誰かを愛して、それを伝えることができる環境であれば、勇気を出して伝えてみましょう。愛を返せなくて申し訳ないと思っても、愛されてうれしくない人はいません。愛されたことは、その人の自信になるかもしれないし、その人の心をいつか温める記憶にもなるでしょう。直接、愛を返されなくてもいいではありませんか。愛してもらえなければ愛は与えられない、なんてケチるのはやめましょう。人の愛の基本はまず「奉仕」、与えることから始まるのですから。

筮竹《ぜいちく》を持って占う「易経」の64の卦のひとつに「山沢損《さんたくそん》」という卦があります。「損」という言葉のイメージから、凶運を表すもののように思うかもしれませんが、そうではありません。これは、まず人に与えなさい、尽くしなさいという意味の卦です。それがやがて、自分の益になって戻ってくるのです。「山沢損」の上下を逆にした形の卦は、「風雷益」という、大きな利益や増加を表す卦です。易経というのは、この世界の物事はすべて常に動いていて、変化してやまないことを教えてくれる思想でもあります。物事は極まれば別の形になる。「損」は極まって「益」になるのです。損が益を生み、益はまた損をすることで、次の益を生む。愛したから、愛される。愛されたから、愛せるのです。

「情けは人のためならず」「損して得をとる」という言葉もあります。人のためにする損は、ただの減少ではなく、愛なのです。四柱推命の「財星」が「奉仕」を意味すること、易経の「損」の卦が、「益」につながることは、同じことを教えているのです。自分から与えること、尽くすことから始めなければ、愛もお金も得ることはできません。そして、与えたものは、一見、損のように見えても、必ず自分の益になる。あなたが誰かや何かを本当に愛すれば、その愛は、その人から直接返してもらえなくても、必ず、巡り巡って、あなたのところに別の形の愛になって戻ってくる。そんな愛情の流れを占いは教えてくれているのです。

教育関係の仕事をしている人にこんな話を聞いたことがあります。人のことをよくほめることができる子供は人気があって、いじめられたりすることも少ないというのです。

友だちがかわいい洋服を着ていたら「その服、かわいいね」。相手の行動を見ていて「〇〇ちゃんは、えらいね」。子供ですから、うまい言葉は使えないでしょうし、わざとらしい言葉も使えないでしょう。素直なホメ言葉は、誰でも、言われればうれしいものです。大人でも「これはお世辞かな」と思っても、ホメられれば、やっぱり悪い気はしません。上手にホメてくれる人は、やはり人気があると思います。ホメ言葉、これも小さいけれど奉仕であり、愛です。

人のことをホメることができる子供は、家庭で、親や家族に細かく気をかけられ、ホメられることが多い子供であるのだろうということは、容易に想像がつきます。子供自身は、そんなこと、意識していないで育つのでしょうが、やはり自分がホメられることが多ければ、人のことをホメることも、素直に自然にできるでしょう。もちろん、子育てでは叱ることも必要です。ホメることと、叱らないことは別のことです。でも、ホメることも、叱ることも、相手をちゃんと見ていなければ、関心を持っていなければできないという意味では同じことです。

逆に、虐待を受けて育った子供が、自分の子供にも虐待をしてしまうという、暴力の連鎖という現象もあるといいます。また、親から無関心に放っておかれた子供は、やはりあまり人に興味を持てない子供になりやすいのかもしれません。

でも、その連鎖の法則は絶対的なものではありません。占いは、その人間の持って生まれた資質、運命的なことをさまざまに解釈しますが、その持って生まれた資質をどう活かすかは、その人次第。すべてが運命ではありません。

誰の運勢にも、長所も短所もあります。一番大切なことは自分の個性を知り、それをよりよく活かす形を自分なりに納得して選び、自分の使命を求めていくことです。この世に生まれた人間は、どんなに短い人生でも、みな使命があり、自分なりの幸せを作っていく力を与えられて生まれてくるからです。

人間の持って生まれた天分と、それの活かし方を語ると長くなるので、それは別の章にゆずりますが、ここで私が伝えたいのは、どんな人にも人を愛する力はあるということです。それが奉仕の気持ちを生む本当の愛ならば、その愛は必ず人を幸せにする力があるということです。

親との縁が薄い生まれの人もいます。問題の多い家庭で育つ人もいます。愛されて育っていても、自分が愛されている実感を持てない時期もあります。世の中すべてから見捨てられて、自分は誰からも愛されていないように感じる日もあります。

でも、自分は愛されなかったから、うまく愛せないとは思わないでほしいのです。愛はまず、奉仕から始まるのですから、愛そうと努力することを諦めないでほしいのです。誰に愛されなくても、愛は自家発電。自分から作り出すことができるのです。人は誰でも、人を愛するために生まれてきます。そして、愛することで幸せになるのです。

あなたが、愛されていた、そして愛する力を持っているという証拠は、あなたが今、まさに生きているというところにあります。

どんな人も、父親と母親の遺伝子を得て、母親の胎内で10ヵ月近く育まれて、この世に誕生します。この過程を経ないで生まれてくる人間はひとりもいません。

愛の基本形は、やはり親の子供に対する愛です。女性は、自分の体を張って、子供を産み、育てます。多くの場合、男性はそんな女性と子供のために、働いて得た利益をつぎ込むのです。それは無償の愛です。心のどこかで親は、将来は子供に面倒を見てもらいたいと願っていることもありますが、そうならなかったとしても、親は結局、受け入れてしまうもの。愛が奉仕であり、「損」から始まるというのは、命の始まりの愛の形から、はっきり表れているのです。

世の中には、いろいろな事情を背負っている人がいますから、自分は望まれない妊娠、望まれない出産で、この世に生を受けたと思っている人もいるでしょう。親に愛されずに育ったという思いを抱いている人も少なくないと思います。でも、極端な話をすれば、生まれてすぐに捨てられたとしても、積極的に殺そうとしなかった親、それを見つけて保護してくれた人がいて、その命は生き延びたのです。それは愛なのです。

生まれたばかりの赤ちゃんが、どこかに捨てられて遺体が発見される報道を、時々目にします。その赤ちゃんは、愛されずに、愛に出会えなかったためにかわいそうなめにあったのかと思います。子供の虐待死の報道には、本当に胸が痛みます。その子は気の毒に、親だけでなく、周囲の誰からも本当に愛される出会いがなかったのでしょうか。近所の人でも、行政の人でも、誰かが本当に愛を持って接していれば、その死は避けられたはずなのです。

サバンナで生まれる野生動物の子供は、生まれてすぐに立ち上がらなければ生きてはいかれません。それでも小さいうちは、親や群れに守られるようにして育ちます。そんな生物界の中でも、人間の子供は、親や周囲の庇護を必要とする、それがなくては生きてはいけない、とびきり未熟で脆弱な存在として生まれてきます。それは、きっと人間が、愛によって育ち、愛によって生き、愛によって幸せになる生き物だからです。そうやって愛を受け継いでいく生き物だからです。

どんな人も、今、生きてここにいるということは、胎内で10ヵ月育んでくれた母親の愛、食べさせたり、オムツを替えたり、懸命に世話をやいてくれた周囲の愛を受けていないと、ここには存在できないのです。直接、親に育てられなかったとしても、誰かが面倒を見てくれなければ、人間は決して大きくはなれません。その面倒やケアは、愛ではなく、義務だったと感じている人もいるかもしれません。実の親はいても、いい関係が築けない人もたくさんいるでしょう。でも、やはり誰かの愛がなければ、あなたは、打ち捨てられた新生児のように、どこかで命を落としていたでしょう。あなたの今ある命は、無数の愛のかたまりなのです。

もし、自分が誰にも愛されていない、愛されるべき存在になりえない、愛される資格がない、などという思考に陥ったときは、この話を思い出してください。あなたの命は、母親の胎内に宿ったときから今まで、少なくともあなたは誰かに愛されていなければ生きてはいないのです。人間とは、そういう生き物です。

あなたの命を支えてくれた愛は、あなたが愛されたかったようなスタイルのものではなかったかもしれません。とてもわかりにくい愛の形だったかもしれません。それゆえ、自分が愛されていない、だから愛することもできない、という悪循環に陥ることも多いでしょう。

たとえ、実の親に愛されて育っていても、愛を受ける子供の側にそれを感じ取る感受性がなければ、愛されたことに気がつかないで終わってしまいます。

子供の資質と親の資質のミスマッチで、互いに愛を実感できずに、憎しみあったり、疎外しあうことはよくあります。でも、親があなたに命を与えてくれたこと、その愛は消えないのです。それでも親の愛を感じられないというなら、大昔から、連綿とあなたの命をつないできたおびただしい数のご先祖様の命を思いましょう。愛の灯があなたにつながってきたのは、過去からの無数の愛がつないでくれたからです。だからきっと、あなたが誰

からも愛されなくて育っても、命の灯をつないでくれているご先祖様の愛がきっとあなたを包んでくれているでしょう。霊感の強い人は、守護霊の話をよくしますが、守護霊とは過去から届くあなたへの愛の代名詞です。

愛は、そんなに簡単に消えないものです。愛してくれた親や異性が亡くなっても、その愛が失われても、愛されたという記憶はとても温かくあなたの心を満たしてくれる瞬間があるでしょう。そのぬくもりは決して消えません。消えたように思えても、ある日突然、蘇って、その人を救ったりします。私が、過去に男性から愛を告白された記憶が蘇って、孤独な心に灯がともったような経験をしたように、愛は決して無駄にはならないのです。

どんな過去があっても、生きている以上、あなたには愛する力があります。そして、感じるアンテナをもっとたくさん立てれば、今も、さまざまな形の愛に包まれていることに気づくでしょう。そして、さみしいとき、ひとりだと思ったときは、あなたのほうから、まず愛することを始めてください。たとえ、思うような形でその愛は報われなくても、きっともっともっと大きくなって、愛はあなたの元に戻ってくるでしょう。

選ばなかったもうひとつの道への思い

私の親しい友人のひとりに会社を経営している独身の女性がいます。度胸がよくて、たくましく、努力家で懐の深い魅力的な人です。

彼女が、突然、「今年、私の蠍座は12年に1度の幸運期だって、何の占いの記事を見ても書いてあるんで、会社を作ってみたんです」と言って、それまで勤めていた会社を辞め、驚くほどあっさり起業したのは、まだ彼女が20代の頃。初めて訪ねたときの彼女のオフィスは、古いビルの小さな一室で、机に電話、リースで借りたというコピー機などがあるだけ。まだ彼女も、真新しい名刺の「代表取締役」という肩書きが嘘のような、お嬢様っぽい雰囲気でした。それから約12年、今や彼女は何人もの社員を抱え、おしゃれな街のビルで、最初のオフィスの何十倍もある大きなフロアを使用している、立派な会社の代表取締役社長です。今をときめくIT企業のように、六本木ヒルズに会社を構えるような華々しい成功ではないかもしれないけれど、いろんな苦労や試行錯誤を経て、その業界では仕事ぶりを信頼されている優良な会社を一から築いた彼女は、なかなか優秀な起業家であり、できるビジネスウーマンなのです。

その彼女と、いつものようにいろいろなおしゃべりをしていたとき、彼女がふとこんなことをもらしました。

「この前、学生のときの友だちに会ったんだけど、彼女は主婦で、いろいろ子供の話を聞かされたので、私、つい言っちゃったの。〝私は子供の代わりに、この会社を育てたのかなあ〟って。そしたら〝子供と会社を一緒にしないで〟って、怒られちゃった。それは、そうよね」

このとき、いわゆる〝勝ち犬〟主婦と、未婚の〝負け犬〟の敏腕ビジネスウーマンの間に流れた空気の微妙さはどんなものだったか、想像するにあまりある感じだったので、友人が笑って話していたのをいいことに、私も「ふーん」と相槌を打っただけで何のコメントもせずに、この話は流してしまいました。

　でも、このエピソード、その後もよく思い出します。

「会社と子供を一緒にしないで」と言った主婦の人の心には「実際に子育てをしていない人に、子育てと何かが同じなんて言われたくない」という気持ちがあったのは、よくわかります。でも、それを言われたら社長の彼女のほうも「会社を実際に立ち上げたこともない人には、わからないでしょ」ということも言えるのです。だからこそ、会話はかみ合わずに終わってしまったのですが、もし、同じ経験をしていないとそのことがわからないのであれば、人はみんな個別の人生で違う経験しかできないわけですから、誰の間にも何の理解も成り立たないことにもなるのです。

　そこで、その主婦の人が「どんなふうに似ているって思うの？」と聞き返せば、その話は深まったのでしょうが、それを拒絶したのは、会社経営などに興味がないということに加えて、自分は社会で仕事をしていないということへのかすかなコンプレックスがあったからかもしれません。逆に「会社と子供を一緒にしないで」と言われて、「そうだよね」

と笑って引いてしまった社長の彼女もまた、自分が結婚や子育てをしていないことへのコンプレックスを秘かに抱えていたのだと思います。

女性の場合は、子育てと仕事は、さまざまな事情もあって、誰でも両立できるものでもないし、両立しなければならないものでもありません。けれど、選ばなかったもうひとつの道への思いは、誰でも常に心の奥にくすぶっているもの。まして世の中には、子育てと仕事を両立している女性も少なからずいる昨今では、どちらかひとつしかしていない状態の場合、互いにコンプレックスを持ちあってしまいがちです。素敵な男性と結婚し、子育てをしながら仕事を続け、美しさを保ち、センスよく生活をしているふうの女優さんやモデル、タレントが理想の女性としてもてはやされるのは、わかりやすく目に見える幸せの形すべてを手にしている存在だからでしょう。

特に子供は、生物としての種の保存という本能からの呼び声や社会的プレッシャーもあり、また、父親になってくれる相手も必要で、望んですぐにできるものでもありません。そのため、子育てをしていないと何か落ち着かない感じで、そのコンプレックスは、仕事をしていない場合よりも大きいかもしれません。

その社長である女友だちは、20代のころから一貫して、「結婚はしたいけど、子供はいらない」と話していたのですが、最近40歳を目前にして、一度だけ「私にも子供を育てるっていう選択肢もあるのかなって、この前思ったの」と、言い出したことがあります。私は、彼女の口から、そんな言葉を聞くとは思わなかったので驚いたのですが、本当は心の中にいつもあったことが、そのとき、ふと言葉になって出ただけだったのかもしれません。

東洋系の占いで、女性にとって子供を表すのは「漏星」です。四柱推命でいえば「食神」「傷官」と呼ばれる、自分の気を漏らす意味を持つ星。「漏星」は同時に、ゆとりや遊び、表現力や伝達本能を表す星でもあります。西洋占星術では、恋愛の状態を見る第5ハウスという位置で子供の状態なども読みます。第5ハウスは、同時に趣味や遊び、創作活動を司っているので、西洋・東洋の占いで、子供というものに対する考え方は、とてもよく似ているのです。

ただし、東洋系の占いでは、男性から見た子供を表す星は、妻の星の漏星であり、自分自身から見れば、漏星にはならないという見方をする手法もあります。生物学的には、遺伝子の痕跡は女系でしか残っていかないそうですから、その意味では、女性の漏星を子供としているこの手法は、的を射ているようにも思います。

たとえば、占いで「私は子供を持てるでしょうか？」という質問を受けたら、東洋系なら、この子供の星を持っているかどうか、その状態などを見ます。西洋占星術なら、第5ハウスの状態など重点的に見るでしょう。生年月日で見て子供の星を持っている人や、ネイタル・チャートで第5ハウスの状態がいい人は子供縁に恵まれている人です。もし、子供の星を持っていなかったり、第5ハウスの状態がよくなくても、子供が持てないわけではありません。その人は、巡ってきた子供運のいい時期をうまくつかめばいいのです。

いい状態の漏星を持っていたり、第5ハウスの状態のいい人は、わが子に恵まれやすく、その子供との関係も良好でしょう。でも、必ずしも子供を持たない場合もあります。逆に、漏星を持っていなかったり、その状態や第5ハウスの状態がよくないと、子供との縁は薄くなるのは確かで、子供に恵まれにくい傾向はありますが、それでも、実際にはよい子供に恵まれることは決して少なくないのです。ただし、その場合、いろいろな事情で長く一緒には暮らさなかったり、将来的には少し距離のある親子関係になりがちですが、実は、そのほうが、お互いの人生のためにはプラスなのです。

自分の子供を産み、育てるということは、女性にとって何ものにも代えがたい大きな喜びであり、幸せのひとつです。その子供が欲しいのに授からない不妊問題に悩む男女の数は、昨今、とても増えていて、数十万人レベルともいわれています。不妊の悩みの切実さや深刻さ、その治療の過酷さ、子供を持てないことの悲しみや苦しみは、それこそ味わった人でないと、本当のところはわからないのかもしれません。現代の日本の少子化対策として、行政は、子育てしやすい環境づくりの支援をするだけでなく、不妊治療の研究や充実、治療費の助成などにも力を入れたほうがいいのではないかと思うほどです。

そんなことを考えていたとき、ふと、妄想したことがあります。女性は30代後半から急速に受胎率が下がり、50歳前後で閉経を迎えると生殖能力を失います。医学の進歩で寿命も大幅に伸びているのですから、そこをなんとか生殖可能年齢を60歳ぐらいまで伸ばす、それが無理でも、40代後半までの妊娠率をもう少し高くする、もっと高齢でも自由に子供を持てるように医学の力でできるようにならないものでしょうか。それができたら、今の少子化にずいぶん歯止めがかかるのではないか、と。実際、私の周囲にも、締め切り間近の40歳近くになって急に「子供、やっぱり欲しいかも」と言い出す女性は、とても多いからです。でも、今以上に妊娠・出産の年齢を引き上げることは、多分、生物の個体としての自然の摂理に逆らうことにもなるのかもしれません。これは単なる私の妄想です。

そこで疑問に思ったのです。人間の、特に女性は、生殖能力を失ってからの寿命が他の動物に比べて異常に長いのではないでしょうか。鮭などのように、産卵した後すぐに命を終える生物はたくさんいます。鳥も、死ぬ少し前まで卵を産み続けます。それなのに、なぜ人間の女は、人生の半ば、平均寿命の半分ほどで生殖能力を失ってしまうのでしょう。

それは、おそらく人間が生きていくには、目に見える肉体として形質を残す遺伝子を伝えていくことだけでなく、目に見えない知識や技術なども含めて心や精神を伝えていくことが必要で、それが大切な生き物だからではないでしょうか。肉体や本能以外に、教えたり、見せたり、世話をしたりすることで時間をかけて伝えなければならないものがたくさんあるからでしょう。そして、それを伝える相手は、自分の子供や孫とは限らないはずです。肉体やその形質を伝えるのは直接の自分の子供や孫だけですが、知識や心や精神は、誰にでも分け隔てなく伝えることができるからです。

子供を司る「漏星」の作用の本質は、伝達であり、表現です。子供を産む生殖行為は、形ある肉体の伝達であることは間違いありません。けれど、子供が親から受け継ぐものは、身体だけではありません。一緒に生活したり、親の生きる姿を見ながら、子供はさまざまなものを受け取って成長していきます。「子供を産むことと、父親・母親になることとは違う」とよく言われます。それは、人間の心は、親から受け継いだものだけでできあがっていくものではないからです。親以外にもさまざまな人やものから影響を受け、育てられ、成熟していくのです。心は身体よりもずっと時間をかけて成熟します。心が育って初めて人間は成熟するのであれば、人間が伝達し、育てることで表現するものは、子供だけではないのです。

友人の女性社長が語った「私は、子供の代わりに会社を育てたのかな」という感覚。それは占いの視点でいえば、正しく、そのとおりなのです。彼女が作った会社は、彼女が生きるうえでやってきた創作であり、表現です。現実に、彼女は、学校を卒業したばかりの若い新入社員に、自分の持っている考えや能力や技能を伝え、職業人として何人も育てあげています。また、その会社の仕事を通して、世の中にいろいろなものを送り出しているという意味でも、会社は〝子供〟に当たるのです。

アーチストにとって、自分の中から生み出す作品が〝子供〟と同じだというのは、わかりやすい例です。他にもいろいろあるでしょう。ある仕事のひとつの企画から生まれた商品、1軒のお店、形は残らない何かのネットワークのようなものや技術、アイデアでも、何かを残したい、伝えたい、育てたい、次へ続けたいと思って魂を入れたものは、人間にとっては、すべて子供なのです。もっとささやかに1本の花でも、小さなペットでも、愛情を込めて世話をしたものも、すべてはその人の子供になるのです。五行の循環では、「漏星」は愛情の星「財星」を生み出します。あなたが、愛情を込め、魂を込めたものは、すべてあなたの子供なのです。

手をかけた庭や無垢なペットは、確かに子供のようにかわいいけれど、人間の子供と比べたら、はかなすぎるし、そこから次の世代も生まれない。それを自分の子供と考えるのは、ちょっとさみしいと思う人も多いでしょう。

でも、間違っていけないのは、占いで意味する〝子供〟とは、伝え、育てるものであっても、あなたの所有物ではありません。愛を与え、送り出すものであり、あなたがコントロールできるものではないのです（西洋占星術でも、子供は第5ハウス、所有物や財産は第2ハウスで見ます。別のものです。63ページの表2参照）。子供も、ペットも、この世に生まれたときに持った生年月日により、固有の運命を持っています。会社なら創立記念日、あるいは登記の日、何かの作品なら完成した日、世に出した日、花なら種をまいた日、苗を植えた日などによってある運命や使命を持ちます。

悲しい例ですが、もし、あなたの子供が未婚のままこの世を去ったとします。では、その子の人生は意味のないものなのでしょうか。あなたがその子にかけたそれまでの人生の長い時間と愛情は無駄になってしまうのでしょうか。確かにあなたの愛を注いだものは、形あるものとしては、この世界に残らないかもしれません。でも、亡くなった子供は親の心の中に、自分と関わった多くの人の中に、早く亡くなったぶんだけ、いろいろな思いを残していっているはずです。

料理や食べ物は、どんなに愛情を込めても、素晴らしい味をだしても、次々に消えていってしまうものです。名人になればなるほど、レシピや写真などは残せても、その味そのものは伝えられないのかもしれません。でも、愛のこもった料理は、子供を育て、家族へのパワーになって伝わります。絶品の味は、人々の心の中にかけがえのない幸福感を与え、記憶や思い出となるでしょう。

愛は伝え、与えるものであって、残そうとするものではないのです。愛を与えたからといって、それを自分のものと考えたり、それに執着したりすれば、それは苦しみの種になるだけ。けれど、本当に愛したものは、形のあるものとしては残らなくても、きっといろいろな形でまた次の幸せや愛を生み出すはずなのです。

もしも、この先の人生で、あなたが自分の血を分けた子供を持てなかったとしても、自分の人生を無意味だとは思わないでください。何かが欠けている、さみしい人生だと思う必要はないのです。まして、自分に女としての価値がない、男としての価値がないなどとは絶対に思わないでほしいのです。

血を分けた子供を持たなかったということは、あなたは別の形の〝子供〟を持つ人だということかもしれません。きっとあなたにしか育てたり伝えたりすることができないものが他にあるのです。

家庭は愛の宝庫であると同時に悩みの宝庫

愛と信頼に満ちた家族がいて、なんの気がねもなく過ごし、笑顔のたえない家庭。それは、自分がその中にいれば、空気のように当たり前のように感じてしまうけれど、それを失ったり、望んでも得られなかったりすれば、他の何より悲しい欠乏感にさいなまれる、欲しくて、欲しくてたまらない幸せでもあるでしょう。

占いをしていると、人の悩みや苦しい胸のうちを聞くことが多いものですが、なかでも家族や家庭内の人間関係に関する問題は、それが日常生活やその人のそれまでの人生に深く関わり、血縁やお金という鎖に縛りつけられていて、しかも逃げ場がないため、深刻でシビアな話になりがちです。他人から見れば、何の問題もなく、ハッピーに見える家庭にも、問題はいろいろあるものです。

今、現在も、家族のことで悩んでいる人もたくさんいるでしょう。夫婦の問題はもとより、父親が嫌いだ、母親とうまくやれない。兄弟仲が悪い。自分の子供のことがわからない、言うことをきかない、愛せない。嫁姑問題、介護問題、家族間の金銭トラブル……それこそ、家庭は愛の宝庫であると同時に悩みの宝庫です。

そんな家族の問題を解決する第一歩。それは、まず「家族だから一緒にいて愛しあうのが当たり前。仲良くできないほうがおかしい」という、思い込みを捨てることです。

現代では、結婚の自由が幅広く認められていますから、家族の中で配偶者だけは、自分の意思で選ぶことができます。けれど、子供も含めて、それ以外の家族は自分では選ぶことのできない縁でつながってくる相手ばかりです。その点では、たまたま偶然、何年かを同じ学校の同じ教室で過ごす友だち、同じ職場で同じ仕事を力を合わせて取り組む仲間なども、ほとんど同レベルの縁です。同級生だからといって、仕事仲間だからといって、すべての人と気が合って仲良くなれるものではありません。もちろん学友、仕事の同僚というゆるい絆はあっても、本当に友人として親しく、仲良くなれるのは、その中で、気の合うわずかな人だけなのが普通です。家族もそれと何も違いはないのです。

違うのは、家族の絆は、血のつながりがあったり、互いの生活の距離が近いので、他の人間関係に比べ、縛りがきついのです。ただ、縛りがきついけれど、家族だからといって、必ずしも縁が深いとは限りません。いわば、気が合うか合わないかわからない相手と、少人数の特別プロジェクトのために、親密にやっていかなければならないロケットに乗りあわせたようなものなのかもしれません。それでも、仕事や仲間の場合、なるべくうまくやっていくように相手を理解しようとしたり、仲良くなるために努力もするし、それが難しいなら、少し距離を取って刺激しあわないようにもするでしょう。

家族も同じです。ただ、家族として生まれただけで、当たり前のようにいい関係が築けるわけではないのです。もちろんたまたま相性のいい親子・兄弟・祖父母・親戚などもいるでしょう。でも、ほとんどの場合は、うまくやるには、努力も、理性も、もちろん愛情も必要。それをせずに「家族なんだから、わかるだろう」と、言い募るのはただの甘えです。家族の絆は、毎日の生活をともにしたり、血のつながりやさまざまな出来事や記憶を共有することで生まれてくる一体感、そして奉仕という愛情が少しずつ作っていくものであって、最初から、一緒にくるまれる、ぬくぬくと心地のいい毛布のようなものがそこに用意されているわけではないのです。

占いでは、その人の運気がどの方向にどう伸びていくか。それを見定めるのに、親との関係、親との縁がどういうものかを探ることがとても重要です。東洋系の占いでは、人間は、親元または生まれ育った環境や家の縁とつながっているほうが運が伸びる人と、そこから離れたほうが運が伸びる人とに分かれます。

とはいえ、親と子には、それぞれ相性があります。親元にいたほうがいい生まれの人が必ずしも親といい相性の生まれというわけでもなく、親元を離れたほうがいい生まれなのに、親ととても深い縁を持っている場合も少なくないのです。そんな複雑な要素が重なりあって、親子の関係は最も密着度が高いだけに、さまざまにこじれやすく、やっかいなものになりやすいことも確かなのです。

西武グループの総帥として、昭和から平成にかけての日本で常にカリスマ的な経営者であり続けた堤義明氏。彼は、辰巳天冲殺（辰年・巳年が天冲殺になる）の生まれで、家系の流れからは、はみ出ていくタイプの運勢の持ち主。本来なら、親や家のものを受け継ぐよりも、自らのユニークな行動力で、個性的な世界を作っていく生き方が似合う人です。ところが一方で、義明氏の生まれ月の干支は、彼の父で西武グループの創始者であった堤康次郎氏の生まれ年の干支と大半会（中国算命学・四柱推命などの用語で、発展・拡大を意味する干支同士の組み合わせ）するという父親との強い縁を持っていました。これは義明氏が、父・康次郎氏の仕事運を大きく発展させる運気を持っていることを示しています。

また、もうひとつ、義明氏は、生月天冲殺（生まれた月が自分の天冲殺月）という生まれで、このタイプの人は、自分の意思を発揮しにくい、逆に言えば、周囲の人の意思に柔軟に従っていたほうが、運気の流れにうまく乗っていける人なのです。父・康次郎氏にしてみれば、義明氏は、自分に逆らわず、しかも自分の事業をさらに発展してくれる、願ってもない運を持つ後継者であったのです。

一方、康次郎氏が、後継者にするのを避けた長男の堤清二氏は、子丑天冲殺の生まれで、このタイプもやはり親や家系の流れを離れ、自分から新たな流れを作りだす強い運気の持ち主です。早めに親や家業などからは離れていったほうが自由にダイナミックに生きていけます。それでも、実は、清二氏も義明氏以上に父親と縁の深い生まれだったのです。ただ、親におとなしく従う運気的な要素がなかった。長男を退け、次男の義明氏を後継者にしたのは、それを見抜いたうえでの父親の決断だったのかもしれません。

義明氏は、父親の思惑どおり、西武王国を巧みに守り続けました。しかし、時代が流れ、いろいろなことが変わる中で、父親のやり方が法律に合わなくなったことで、それが罪となり、自分はその仕事から離れ、父の残した西武王国もガタガタになってしまいました。そうなって初めて彼は父親の呪縛から解放されたのでしょう。そして結果的に家系の流れをはみ出す、占いの暗示するとおりの運気を生きることになったのです。

もし、義明氏が、家系の流れを継ぐことが運気的に合っている、寅卯天冲殺、午未天冲殺、申酉天冲殺の生まれだったとしたら、父親の経営方法や教えに従順だったとしても、心情的なプレッシャーは少なく、組織としての力を活かし、事業そのものは破綻させることはなかったかもしれません。もっと早めに、義明氏自身が別の後継者に組織を引き渡していれば、彼にはもっと別の個性的な人生が開けたのかもしれません。

親との縁は、深すぎても、浅すぎてもやっかいです。〝子はかすがい〟とはいいながら、もともと子供運が薄い人に、しかも自分とあまり縁のない子供が生まれれば、離婚して一緒に住まない親子になりがちです。一緒に生活すれば、プレッシャーを感じたりするかもしれません。逆に、縁が深すぎれば、すでに成長して、自分の運気を生きようとしている

表 3

あなたの天冲殺タイプ＆天冲殺年は？

［あなたの天冲殺タイプの出し方］ ①下の早見表で、自分の生まれた年と生まれた月が交わる欄の数字を見つける。②その数に自分の誕生日の数を足す(61以上になった場合は、60を引く)。③その数から、自分の天冲殺タイプと天冲殺年を見つけてください。また☆★印で親との関係がわかります。(例)1975年3月25日生まれの人の場合表の数は42。誕生日を足して25＋42＝67。67−60＝7　7の人は戌亥天冲殺タイプ。

［天冲殺タイプと天冲殺年］

★1 ～ 10 →戌亥天冲殺　戌年、亥年が天冲殺
☆11 ～ 20 →申酉天冲殺　申年、酉年が天冲殺
☆21 ～ 30 →午未天冲殺　午年、未年が天冲殺
★31 ～ 40 →辰巳天冲殺　辰年、巳年が天冲殺
☆41 ～ 50 →寅卯天冲殺　寅年、卯年が天冲殺
★51 ～ 60 →子丑天冲殺　子年、丑年が天冲殺

★印の天冲殺タイプの人は、基本的に親元、生家を離れたほうが運は伸びるタイプ。
☆印の天冲殺タイプの人は、生まれた環境に縁があり、家業などを継ぐのもOKなタイプです。

［早見表］

	1月	2月	3月	4月	5月	6月	7月	8月	9月	10月	11月	12月
1930	47	18	46	17	47	18	48	19	50	20	51	21
1931	52	23	51	22	52	23	53	24	55	25	56	26
1932	57	28	57	28	58	29	59	30	1	31	2	32
1933	3	34	2	33	3	34	4	35	6	36	7	37
1934	8	39	7	38	8	39	9	40	11	41	12	42
1935	13	44	12	43	13	44	14	45	16	46	17	47
1936	18	49	17	49	19	50	20	51	22	52	23	53
1937	24	55	23	54	24	55	25	56	27	57	28	58
1938	29	0	28	59	29	0	30	1	32	2	33	3
1939	34	5	33	4	34	5	35	6	37	7	38	8
1940	39	10	39	10	40	11	41	12	43	13	44	14
1941	45	16	44	15	45	16	46	17	48	18	49	19
1942	50	21	49	20	50	21	51	22	53	23	54	24
1943	55	26	54	25	55	26	56	27	58	28	59	29
1944	0	31	0	31	1	32	2	33	4	34	5	35
1945	6	37	5	36	6	37	7	38	9	39	10	40
1946	11	42	10	41	11	42	12	43	14	44	15	45
1947	16	47	15	46	16	47	17	48	19	49	20	50
1948	21	52	21	52	22	53	23	54	25	55	26	56
1949	27	58	26	57	27	58	28	59	30	0	31	1
1950	32	3	31	2	32	3	33	4	35	5	36	6
1951	37	8	36	7	37	8	38	9	40	10	41	11
1952	42	13	42	13	43	14	44	15	46	16	47	17
1953	48	19	47	18	48	19	49	20	51	21	52	22
1954	53	24	52	23	53	24	54	25	56	26	57	27
1955	58	29	57	28	58	29	59	30	1	31	2	32
1956	3	34	3	34	4	35	5	36	7	37	8	38
1957	9	40	8	39	9	40	10	41	12	42	13	43
1958	14	45	13	44	14	45	15	46	17	47	18	48
1959	19	50	18	49	19	50	20	51	22	52	23	53
1960	24	55	24	55	25	56	26	57	28	58	29	59
1961	30	1	29	0	30	1	31	2	33	3	34	4
1962	35	6	34	5	35	6	36	7	38	8	39	9
1963	40	11	39	10	40	11	41	12	43	13	44	14
1964	45	16	45	16	46	17	47	18	49	19	50	20

	1月	2月	3月	4月	5月	6月	7月	8月	9月	10月	11月	12月
1965	51	22	50	21	51	22	52	23	54	24	55	25
1966	56	27	55	26	56	27	57	28	59	29	0	30
1967	1	32	0	31	1	32	2	33	4	34	5	35
1968	6	37	6	37	7	38	8	39	10	40	11	41
1969	12	43	11	42	12	43	13	44	15	45	16	46
1970	17	48	16	47	17	48	18	49	20	50	21	51
1971	22	53	21	52	22	53	23	54	25	55	26	56
1972	27	58	27	58	28	59	29	0	31	1	32	2
1973	33	4	32	3	33	4	34	5	36	6	37	7
1974	38	9	37	8	38	9	39	10	41	11	42	12
1975	43	14	42	13	43	14	44	15	46	16	47	17
1976	48	19	48	19	49	20	50	21	52	22	53	23
1977	54	25	53	24	54	25	55	26	57	27	58	28
1978	59	30	58	29	59	30	0	31	2	32	3	33
1979	4	35	3	34	4	35	5	36	7	37	8	38
1980	9	40	9	40	10	41	11	42	13	43	14	44
1981	15	46	14	45	15	46	16	47	18	48	19	49
1982	20	51	19	50	20	51	21	52	23	53	24	54
1983	25	56	24	55	25	56	26	57	28	58	29	59
1984	30	1	30	1	31	2	32	3	34	4	35	5
1985	36	7	35	6	36	7	37	8	39	9	40	10
1986	41	12	40	11	41	12	42	13	44	14	45	15
1987	46	17	45	16	46	17	47	18	49	19	50	20
1988	51	22	51	22	52	23	53	24	55	25	56	26
1989	57	28	56	27	57	28	58	29	0	30	1	31
1990	2	33	1	32	2	33	3	34	5	35	6	36
1991	7	38	6	37	7	38	8	39	10	40	11	41
1992	12	43	12	43	13	44	14	45	16	46	17	47
1993	18	49	17	48	18	49	19	50	21	51	22	52
1994	23	54	22	53	23	54	24	55	26	56	27	57
1995	28	59	27	58	28	59	29	0	31	1	32	2
1996	33	4	33	4	34	5	35	6	37	7	38	8
1997	39	10	38	9	39	10	40	11	42	12	43	13
1998	44	15	43	14	44	15	45	16	47	17	48	18
1999	49	20	48	19	49	20	50	21	52	22	53	23
2000	54	25	54	25	55	26	56	27	58	28	59	29
2001	0	31	59	30	0	31	1	32	3	33	4	34
2002	5	36	4	35	5	36	6	37	8	38	9	39
2003	10	41	9	40	10	41	11	42	13	43	14	44
2004	15	46	15	46	16	47	17	48	19	49	20	50
2005	21	52	20	51	21	52	22	53	24	54	25	55
2006	26	57	25	56	26	57	27	58	29	59	30	0
2007	31	2	30	1	31	2	32	3	34	4	35	5
2008	36	7	36	7	37	8	38	9	40	10	41	11
2009	42	13	41	12	42	13	43	14	45	15	46	16
2010	47	18	46	17	47	18	48	19	50	20	51	21
2011	52	23	51	22	52	23	53	24	55	25	56	26
2012	57	28	57	28	58	29	59	30	1	31	2	32
2013	3	34	2	33	3	34	4	35	6	36	7	37
2014	8	39	7	38	8	39	9	40	11	41	12	42
2015	13	44	12	43	13	44	14	45	16	46	17	47
2016	18	49	18	49	19	50	20	51	22	52	23	53
2017	24	55	23	54	24	55	25	56	27	57	28	58

子供の人生に干渉・介入しすぎる親になり、互いを傷つけあったり、本来の運気を歪めたり、それでも離れられないという病んだ関係にも陥りがちです。

それでも、どんなに冷たい関係に陥っているように見える家族でも、それと愛情の有無は別の話。前に話したとおり、人は誰でも、どんな育ち方をしても、愛する力を持っています。ましてわが子、わが親、わが兄弟に対して愛情が生まれないわけはないのです。ただ、うまく愛しあうためには、適切な距離が必要なのです。それぞれが、自分たちの相性や縁にふさわしい距離感を持てたとき、家族はちゃんと愛しあい、仲良くなれるはずです。

ある程度、成人してからひとり暮らしをした経験がある人は誰でも、離れてみて、初めて親のありがたさ、親の存在の大きさを感じたことがあると思います。そして、それから親との関係がうまくいくようになったことも多いはずです。距離感が愛の流れを変えてくれるのです。一緒にいるばかりが愛ではありません。

自分の子供なのに愛せない、ひどいときは虐待をしてしまう。そんな若い母親の悩みも聞きます。それは愛せないのではなく、自分たち親子にふさわしい愛の距離感がつかめないだけです。幼い子は、母親の絶え間ない愛情によって育てられるのが当たり前のように考えますが、互いの相性によっては、そんな過ごし方が苦痛になることもないわけではありません。それなら、24時間一緒にいて縛りあうよりも、子供は保育園などに預けて自分は働くなりして、自由な時間を持てば、共有する時間は少なくなるかもしれませんが、愛情が澱んだり、にごったりすることはなくなるでしょう。

愛情は、相手に「気」という温かさを与えること、向けることです。もちろん、それがうまく循環することが何よりの幸せですが、そうするために、相性によっては、互いの距離を意識的に調節することも必要です。そしてその距離は相手によって変化します。その意味で、「家族だから一緒にいて愛しあえる」という思い込みは捨て、自分たちにふさわしい距離感を探してみる。それを見つけることが、また愛なのです。

家族の問題を解決するもうひとつの考え方は、「家庭内での自分の立場を見つける。人の立場を尊重する」ということです。

家庭はやすらぎの場、そうあるべきと誰もが思っていると思います。けれど、占い的な視点で見れば、それは一面の真実でしかありません。さまざまな占いは、家庭はやすらぎの場であると同時に、戦いの場であることを語っています。

東洋系の占いでは、家庭運は、その人の命式（その人の生年月日から割り出した星の構成）では、「西」に現れた星で見るとされています。「西」は、極楽浄土のある方向でもあり、休息とやすらぎの方向であることは確かです。一方で、「西」は、五行（木・火・土・金・水の5つの気）の中では、金性を司ります。そして東洋思想では、金性は、戦いと変革を表す気なのです。

五行の「金性」と惑星の「金星」は、もちろん無関係ではありません。金星こそ、ローマ神話の愛と豊穣の女神ヴィーナスの名を持つ、愛の星としてのイメージが定着しています。けれども、西洋占星術の源になったといわれるバビロニア占星術では、金星を司る女神イシュタルは、愛の神であると同時に戦争の神でもあるという、二面性を持っています。

愛と戦いを、ひとりの女神が同時に合わせ持つこと、これこそ、愛というものの本質を伝えているのかもしれません。つまり、本物の愛と調和は、戦いがあってこそ得られる。

そのことを教えているのではないでしょうか。

愛の形であるセックス、生殖行為は、野生の生物では、命を賭けた戦いです。メスとセックスするためにオス同士は命がけで戦い、勝利者だけが自分の子孫を残せるという自然の中の仕組みは、より環境に適した、強い遺伝子を残していくためにも、必要な戦いなのかもしれません。セックスそのものも、男と女という異なる性がぶつかりあう、ひとつの戦いの行為を経たうえでの和合というイメージがあります。

63ページの西洋占星術のハウスの区分表を見てみてください。結婚を司る第7ハウスは、自分自身を表す第1ハウスの180度の真向かい、対向する位置にあります。そして常に、第7ハウスは自分が生まれた時刻に「西」の方向の場所を示すのです。これもまた、結婚という調和と和合が、対立と戦いの中から生まれることを示唆していると思えてなりません。

また、家庭や家族など血のつながりのある人々を司る第4ハウスは、自分の第1ハウスから見て90度の角度になる位置にあります。180度、90度は、西洋占星術では、ハードアスペクトと呼ばれ、緊張と困難を伴う角度です。このことは、洋の東西を問わず、家庭や結婚は、和合と休息の場であると同時にまずは戦いの場であることを教えているようです。

家庭は自分の居場所をつくる実践の場

では、戦いとはどういうものでしょう?

戦いとは常に、自分の立場や居場所を求めるためにする競いあいです。傷つけたり、まして や命を奪ったりすることそのものが目的ではなくても、自分の立場を得るという目的を達成するために手段を選ばなければ、そうした残酷なことも起こります。

近代以前の戦いは、ほとんど領土や土地を得るためのものでした。わかりきったことですが、土地はいつでも誰のものでもありません。人間が争ってきたのは、常にそこを支配し、管理できる権力を持てる立場なのです。選挙は、政治を動かす立場を賭けての戦いですし、受験は、その学校の生徒という立場を得るための戦いです。結婚は、たくさんの他の異性を敵に回して妻や夫の座を勝ち取る戦いですし、仕事は、その会社や業界、社会に対して、自分がより必要とされる立場になることを求めての戦い。世の中は、常に戦いに満ち溢れているのです。いえ、戦って自分らしい立場や居場所を求めていくことこそが、生きることの目的、人生そのものなのかもしれません。

四柱推命など東洋系の占いでは、立場や役割を表す星は「官星」です。「官」とは、もちろん社会的な地位を表す文字。秩序を重んじ、正攻法で栄達や成功を求める星が「正官」、もっと本能的で激しいバトルを表すのが「偏官」ですが、どちらも戦いを表し、金性を司る星でもあります。

家庭が、やすらぎの場になるのは、そこに自分の立場・居場所があるときだけです。そして、誰にとっても、家庭でその立場や居場所を獲得するためには、それなりの戦いはあるのです。

いい例が、嫁姑のトラブルです。嫁と姑というのは、もちろんその呼び方が違うように立場は違うのですが、ひとつの家の中にいて、役割ややるべきことが似ているほど、覇権争い的な戦いが起こりやすいものです。嫁か姑のどちらかが外で働いていて、どちらかが家事や子育てを担う生活だったり、同じ家事をしていても、「これはお義母さんにはかなわない」、「これはお嫁さんがうまくやれるの」というようなことを認めあえたり、あるいは互いに適当に距離をとって、その立場や役割に不干渉であれば、なんとかうまく折りあっていかれるはずです。

生まれたばかりの赤ん坊は、親や誰かの庇護を受けなければ、生きてはいかれない存在で、それはそれなりの立場であり役割を担った存在です。子供も、少し大きくなって兄弟が多かったりすると、ちょっと目立つことをしたり、親を喜ばせようとしたり、困らせたりして、親の気を引こうと智恵を絞るものです。それは、なんとか家族の中で自分の居場所を作ろうと、子供なりに戦っている姿なのです。

その経験は、決してかわいそうでも酷なことでもありません。むしろ貴重な体験です。社会に出て行けば、いろいろな場所で自分の立場を作っていかなければなりません。学校でも、職場でも、友人関係でも。その意味では、家庭は一番小さな人間関係、社会の縮図。

そこで、いかに自分の居場所を作るか、最初の実践の場が家庭なのです。居場所を作る戦いの自分なりの戦略や自分の勝ちパターン、負けパターンをまず家庭で経験させておくことは、子供の成長と自立のためにプラスにはなっても、マイナスになることはないはずです。

言葉を補うと、ここで「戦い」と言っている家庭や社会、人間関係でのぶつかりあいは、勝者と敗者を作るための戦いではありません。互いを理解し、丁度いい距離感や協調する方法を探るためのせめぎあいです。少し痛い思いもしながら、自分にとって、相手にとっても居心地のいい距離感や交流方法を探っていくための対立であり、交流なのです。家庭は社会の縮図ですから、そこには強者と弱者は必ずいます。弱者には、そこにいる立場やその意味を与えてあげるのが家庭の強者、リーダーの役割です。そういうリーダーがいなければ、その家庭は幸せではないし、人々はやがてそこに居ることすらできなくなってしまうでしょう。冷たい社会は切り捨ててしまうかもしれませんが、家庭はどんな人も最後まで切り捨てない、見捨てない。それが家庭の本当の温かさであり、幸せな家庭の姿でしょう。

寝たきりになってしまった親にも役割はあります。それは、生まれたての子供と同じで、他の家族に介護という役割を作りだす立場であり、存在意義です。介護をするほうは大変だと思いますが、本当に大変なだけでしょうか。それは、たとえば親とゆっくり向きあえる貴重な時間かもしれません。介護することで、もらえるパワーもあるはずです。でも当然、ひとりで頑張りすぎては、疲れて、煮詰まって、そんなふうにも思えないでしょう。そんなときは、介護するという自分の立場や役割を少し人に代わってもらっていいのです。どんな仕事も、休みや転職、引退があるように、立場はあなたそのものではありません。長期戦の戦いには休戦も必要。着ぐるみを脱ぐように、時にはその立場を少し休んだり、別の立場になってみるのもいいことです。

ですから、家庭内での立場や役割は、妻や母親、夫や父親というような呼び名からくるありふれたイメージでくくらないことです。母親が父親的な役割を果たすこともあるし、妻が夫を養うことなども珍しいことではありません。たとえ何の呼び名もない、血のつながりもないただの同居人でも、毎日の生活の中で、その人が何か具体的な役割があったり、その人がいるとみんなが和んだり、団結したりするのであれば、その人は、立派に立場も役割もある家族です。

もし、あなたが今、家庭や家族のことで悩んでいるなら、自分が家族のために何ができるか、どんな役割が果たせるかを考えてみましょう。その家族にどんな役割や立場を与えてあげられるかを考えましょう。そして、その立場や役割にふさわしい距離感をとることです。

戦いやケンカ、争いは、その結果として理解し、和合し、協調するためにするもの。どんなバトルの後にも調和がやってくるし、それがないなら、戦う意味はありません。

第４章

お金とうまくつき合う

仕事を考えるときの3つの大事なもの

私が、仕事をしていて、「つらいなあ」と感じたとき、思い出す話がふたつあります。

ひとつは、社会に出て、間もない頃、仕事のことで愚痴ったときに、母に言われた言葉です。

「映画とかお芝居とか、遊びに行って楽しい思いをしたらお金を払うでしょ。逆に、お金をもらうときは、面白くなくて、つらくて当たり前なのよ」

そうだよなあ、と思って、また仕事を続けるのです。

もうひとつは、転職を考えていた20代の頃、少し上の世代の、ある大企業に勤めていた男性が言っていた言葉です。

「仕事は〝(自分の)時間・やりがい・お金〟の3つが揃うのが理想だと思う。でも、そんな仕事は滅多にない。だから、そのうちふたつがあればいい仕事と思って頑張る。そのうちひとつしかないなら、やめて別の仕事を探す」

そのときは、「なるほどね」ぐらいの感想だったのですが、この言葉はなかなか名言で、私は、今でも仕事のことを考えるとき、迷ったときに「今のこの仕事は時間的・体力的に楽か？　お金にはなるか？　やりがいはあるか？」と、この〝仕事三原則〟を自分に問いかけてみることがあります。

自分の「時間」が持てないほど忙しい仕事でも、「やりがい」があって、「お金」にもなるなら頑張れる。「やりがい」はなくても、自由な「時間」が持てて、しかも「お金」になるなら我慢できる。「お金」にならなくても、「やりがい」があって自分の「時間」があるのなら、やる意味もある……。さて、この仕事はどれかな？　と。

後で気づいたことですが、「時間」「お金」「やりがい」は、四柱推命などでいう、「漏星」（自分の時間、ゆとり、遊びなどを表す）、「財星」（ズバリ、お金）、「官星」（やりがいは、社会的な立場や目的）の3つを表しているのです。62ページの五行の循環表を見ていただくとわかりますが、この3つの星は、それぞれに相生（互いを生みだす）関係ですので、

3つ全部が揃わなくても、ふたつがあれば、残りのひとつは自然に生まれてきたり、埋めあわせがなんとかついたりもするのです。

自分の時間がなくても、やりがいとお金があれば、できる部分を人に任せたり、少し贅沢をして時間を〝買う〟ような形でゆとりを持つことはできるでしょう。やりがいがなくても、お金と自由な時間があれば、それを使って、仕事以外で別の新たなやりがいを探すことができるでしょう。また、お金がなくても、やりがいと自由な時間があれば、なんとかそこからお金を生み出すようにする工夫もできるのです。

仕事の悩み、転職のタイミングは、占いでよく回答を求められるもののひとつですが、やめたいと思ったときには、今の自分にこの「時間・お金・やりがい」のうち何があって、何がないか。そして自分はそのうち何が一番、欲しいのか。占う前に、自分で整理をして考えてみることもやる価値はあると思います。

私自身も、何度か転職をしたことがあります。

なにしろ、新卒で、正社員で就職した会社を、たった1年未満でやめたという、一般的

には、あまり威張れない職歴もあります。今の若い世代の人は、若い頃から目的意識をもって学校に行く人も多いようですが、私は、まったくレジャーランド的な大学生活を過ごし、たいした展望もないまま社会に出て行ってしまったのです。実際に働いてみて、自分の仕事の選び方の甘さと間違いに気づきました。だいたいの方向性を決めて、自分の偏差値レベルでいける中で、一番いいところを選ぶという学校受験の志望校選びとたいして変わらないやり方で選んだ会社では、何の未来の展望も見出せず、日々、時間を無駄にしている気がしたからです。お給料は当時としては悪くなかったので、例の〝仕事三原則〟の中では、お金と時間はあったものの、やりがいが決定的に欠けていました。特に、これから、社会人として何かひとつでも自信をつけたい、と思っていた私には、やりがいの欠如は致命的でした。アルバイトを雇っても明日からできるような仕事を延々と続けるのは苦痛でしたが、自分にはアピールできる何の能力も技術もないことに気づき、会社に入って半年たってから、夜、ある専門学校に通いながら転職を考えていたのです。友人には、大学在学当時から、ダブルスクール的にいろいろな専門学校に通っている人もいたので、この転職は、ひとえに私がそれまでぼんやり過ごしていたことのツケでした。

会社をやめて、1ヵ月はいわゆるニートの状態でした。すでに前の会社に在籍中から、別の会社にいろいろ履歴書を送ったりしていましたが、未定のままやめたので無職だったのです。同居していた親は別に何も言いませんでした。私の両親は、ずっと小さな小売業を営んでいました。そのときも、私が外で働かないのなら、店か家事を手伝えばいいぐらいに思っていたのかもしれません。でも私は、とにかく早く次の働き口を見つけたいと焦っていました。会社をやめるときは、まったく迷いはなかったのですが、考えてみれば、学校の受験、最初の就職までは、子供の頃から表面的には何の挫折もなく、それなりのレベルのコースに乗っているつもりだった私にとっては、初めてのコースアウトだったのです。受験で浪人をしたこともなかったので、その何の肩書きもない、よるべない状態はものすごく不安でした。この何もすることのない1ヵ月を経験して以降、ニートと呼ばれる人たちが、その不安定な状態を長く続けられるというのは、ある意味で強い精神力があるのではないか、と私などは思ってしまいます。

あわてて就職した次の会社はマイナーな会社で、給料も安かったけれど、自分に力をつければ、いつかこうなれるかも、という将来の展望を持てることが救いでした。それに、どういうわけかその会社に就職してすぐにアルバイトでサイドビジネスの話がきて、足りないお金のほうも少し埋めあわせがついたのです。

そんなこんなで忙しくするうちに、その頃働いていた業界で、同業他社から「うちに来ないか」というような誘いを受けたことがあります。「今の会社より毎月10万円多い給料を保証する」という話に、私も当然、色めき立ちました。

最初の転職のとき、誰にも相談しなかったのは、自分の仕事への意識の低さが恥ずかしくて、相談できなかったというのが本音です。でも、このときは、なぜか父の意見を聞きました。父は、「転職して、仕事の内容は変わるのか？　仕事先、取引先などは変わるのか？」ということだけを聞きました。それは変わらないと答えると、「それならやめなさい」と、きっぱりと言うのです。「お金だけが理由で動くなら、あいつは、お金で動く人間だと思われるぞ。月々10万円のはした金で、自分の背負う看板をいきなりつけ替えるようなことをすれば、失う信用もある」

当時の私にも、今の私にも、月々の10万円がはした金とは思えません。「えー、でも、お金って大きな理由だよね」とやや不満げに言う私に、父は言いました。

「お金は水みたいに流れるものなんだぞ。たらいに張った水を向こうのほうから、こっちへ、こっちへと自分のほうに持って来ようとすると、みんな手前で跳ね返って流れていってしまう。逆に自分の前の水を、あっちへ、あっちへ、と流してやると、向こう側に跳ね返って、自分のほうに自然に戻って集まってくるだろう。それと同じで、お金は追えば逃げる。追わないほうが儲かるんだ」

私には、〝座布団1枚〟と言いたくなるほどリアルだったこの比喩が、父のオリジナルの話かどうかはわかりませんが、ずっと小売の商店の看板を守ってきている父の話には、それなりに説得力がありました。世の中には、お金よりも大事なことがあることを、このとき父は私に教えたかったのでしょう。正直、「ちょっと惜しいな」と思いましたが、父に止められたこともあって、結局、このときは転職はしませんでした。振り返れば、それは、私の天冲殺の年の出来事でした。まだ若くて、今ほど占いに重きをおいて生活をしていたわけではないのですが、それでも「天冲殺のときはあまり変化しないほうがいい」という占いの知識も転職の抑止力として働きました。実際、天冲殺の期間中には、特にお金や形ある財産を追わなくてよかったのです。その後、しばらくして、その会社を辞めることになったときは、とてもいい形で円満退社ができたので、やはり、そこで転職しなくてよかった、と止めてくれた父に感謝したものです。

父の話したように「お金は追ってはいけない」というのは、占いでも教えている考え方です。四柱推命では、お金や財産は文字通り「財星」です。前の章でも説明しましたように、財星は、自分が与えるものであり、奉仕を意味するのです。つまりは愛情と同じで、まずは「損して得を取る」ものなのです。

商売の基本が、まさにそういうものでしょう。まず、最も大切なのは人々のニーズを探ること。人が喜ぶことを提供すること。そのために、先に設備投資をしたり、商品を仕入れたり、何かを作りだしたりしなければなりません。商売は、まず相手のこと、人のこと、大衆のことを考える気持ちがなければ、成り立たないのです。また、先行投資にはリスクがつきもの。もし、自分の思惑が外れて、利益が上がらなければ、損益は自分で背負わなければならない、その背負うリスクが生む必死さこそがお金になっていくのです。

お金のことなどどうでもいいと言っているのではありません。お金は生きていくうえで重要なものですが、お金のことを考えるときは、自分にとっての得ばかりと考えず、それにまつわる人々の気持ちを考えないと、いろいろな間違いを犯しやすい、お金が魔物に変わるということでしょう。

父が、私に「お金を追うな」と言えたのは、おそらくわが家の経済状態に少しは余裕があったからでしょう。私も、納得してそれに従ったのは、未婚で親元にいて、自分のこづかい以外のものを必死に稼ぐ必要がなかったからです。もし、商売が厳しい状態であれば、父は「給料のいいところへ行って、もっと家にお金を入れろ」と言ったかもしれません。もし、私が、すでに必死で育てなければならない子供などを抱えていたら、今は、一番お金が大事と考えて行動したような気もします。

実は、あんな素晴らしいことを言ったことがある父が、まだ〝オレオレ詐欺〟という呼び名もなかったころですが、似たような振込め詐欺にひっかかり、笑い話程度の金額ですが、損をした事件がありました。いつも冷静で思慮深い父らしからぬ出来事に、「どうしちゃったの？」と聞くと、「いやあ、人間、思い込んでしまうと怖いなあ」と、父はちょっとしょんぼり。金額が本当に少額だったことで父も急いで対応してしまったのでしょうが、その損をしたお金は、とっさに父が家族を守ろうとした愛情の形であったような気がします。

でも、要するに、お金のことで間違った判断をしないようにするときは、「ゆとり」が必要だということです。ゆとりがなければ、人は人のことを思ったり、冷静に考えることもできないからです。ゆとりをなくすと、私の父がそうであったように、誰でも、私でも、お金のことを一番に考えて動いてしまうことがあるのです。お金でなんとかなるなら、と思ったりもするのです。ゆとりは、物質的、金銭的なことはもちろん、精神的なゆとりも意味します。振込め詐欺などは、人をゆとりのない状態に巧みに陥らせて金銭を奪う、愛情を逆手に取った、とても卑劣な犯行なのです。

お金は追うなと言いながら、私はある程度誰でも、貯金や何かしらの金銭的な蓄えは持つように心がけたほうがいいと思っています。そんなに多額でなくていいのです。でも、少しでも、何かのときに使えるものがあるという事実は、生活だけでなく、心のゆとりにつながります。ゆとりがあれば、金銭的なことで間違いに陥って、さらに苦境にはまり、多くのものを失うという悪循環に陥ることを未然に防げるからです。

西洋占星術では、「所有」を表す第2ハウスが金銭・財産の運勢を表しますが、そこは同時に自由を表す場所でもあります。所有するということは、自分の「自由」になるものという意味であり、それを代表するものが「お金」なのです。そして「自由」になるものは、その人に「ゆとり」を与えてくれるものでもあります。お金がないと、自分のやりたいことが制限され、いろいろな「自由」が失われ、「ゆとり」を失い、逆にお金の奴隷になっていくことになってしまうのです。

金運をよくしたかったら、お金のことを一番に考えなくてはならない状況に陥らないようにしましょう。お金の奴隷にならなくてすむ自分でいましょう。そうすれば、あなたとお金との関係は、少しずつよくなるはずです。真っ先にお金のことだけを言い募ったり、お金のことで人に迷惑をかけたり、自分に値段をつけるようなことをしたり。そうやって手に入れたお金からは、一時的な満足は得られても、決して本当の豊かさは得られません。お金は、その人に「ゆとり」をもたらすものであり、それ以上でも、それ以下のものでもないのです。

財運の調子がいいときほど慎重に

もう何年も前になりますが、ある有名な女性プロデューサーが、脱税で摘発された事件がありました。彼女は、貯金が約10億円ぐらいあったにもかかわらず「将来の生活が不安だった」とコメントしていたのを何かで読み、ビックリ。「お金って、やっぱりいくらあっても満足できないもの。あればあるほど不安になるものなのだな」と妙に納得したことがあります。人間の欲望には際限がなく、お金はあればあるほど不安を大きくするものなのかもしれません。一方で、世の中には、私から見ても、「そんなわずかなお金で……」と思う額の借金に悩んで、一家心中してしまうような悲しい事件も後を絶ちません。

毎日の収支の金額の大きさは、人それぞれ。100万円をおこづかい程度の感覚で1日に使ってしまう人もいれば、同じ100万円をやっとの思いで何年もかけて貯める人もいるでしょう。ネットオークションやフリーマーケットなどをやってみると、ある人にとっては1銭の価値も持たないものが、ある人にとっては何万円出しても手に入れたいものである場合もある。ものの値段、お金の価値は、一定なようで、そうではないことがよくわかります。

西洋占星術で、「所有・金銭・自由」を表す第2ハウスは、同時にその人の「価値観」を司る場所でもあります。それは、人によって、形あるものを所有することへの欲求、お金や物に対する考え方が大きく違うことを表しているのです。

ただ、価値観は自分の力でどうにでも変えられますが、もって生まれた財運のようなもの、その器の大きさは、自分ではどうにもならない運命のひとつです。子供は親を選べませんから、たまたま経済的に豊かな親の元に生まれ、多くの財産を背負う一生を送る人もいるし、貧しい環境に生まれれば、お金がなくて苦労をしながら育つこともあります。もちろん、自立してからの財運は、その人の才覚次第ですが、それでもやはり、その人の経済的なスケール、持って生まれた〝お財布の大きさ〟のようなものはあるのです。誰もが、少しでも金銭的に不自由のない生活を送りたいと思うのは当たり前ですが、誰でもが頑張れば億単位の貯金ができたり、巨額のお金を動かすスケールの大きな仕事ができるわけではありません。そして、そんな多額のお金が本当にその人に幸せをもたらすとも限らないのです。大切なのは、自分の持って生まれた〝お財布の大きさ〟に合った生活を営むことです。

多くの金銭的な失敗は、お金がないときより、お金があるときに起こりやすいものです。自分の財運の器には入りきらないお金をたまたま得てしまったとき、あるいは自分の器以上のお金を求めてしまったときに起こりやすいものです。

たまたま商売が順調で、それを大きくしようとして失敗して、元の商売までダメになるのはよくあることです。貯金ができたので、ローンを組んで家を買ったら、収入が減って払いきれなくなったりすることもあります。キャッシングで簡単にお金が手に入ることを覚えて、結果的に自己破産するまでお金を借りまくったり、宝くじや親の遺産などが転り込んで、人生が狂ったりすることも少なくありません。

もちろん商売などでは、チャンスと思ったら、思い切って先行投資して勝負するべきですし、人生のどこかでローンを組んで家やマンションを購入することもいいことです。ただ、お金のことは、今、自分は財運の調子がいいと思っているときほど慎重に考えることが必要なのです。財運も他の運気と同じで、必ず、いいときもあれば悪いときもあるのですが、なぜか人間は、自分が調子のいいときには、そのままいつまでも右肩上がりに上っていくことばかり考えがちです。でも特に財運に関しては、運気が落ちたときのしのぎ方が難しいので、調子がいいときほど、自分の財運の器を考えてみるぐらいの冷静さは欲しいところです。

かつて私が仕事でお世話になった尊敬する年上の女性に、アドバイスをされたことがあります。それは、彼女がやはり、自分が尊敬する先輩女性から受けた忠告だったそうです。

「生活の規模を、安易に大きくしてはいけません。大きくするのは簡単だけど、小さくするのはものすごく大変だから」

確かに収入がアップしたら、家賃が高くても、いい部屋に住みたい、おいしいものを食べ、少し贅沢な遊びもしたいと思うのは当たり前です。でも、もし、その収入が続かず、そこから家賃の安いアパートに引っ越さなければならなくなれば、まず物の処分が大変。そして、それまでできていたことがどんどんできなくなったら、我慢は苦しく、プライドは傷つき、心に負うダメージも大きい。だから、多少お金が入るようになったからといって、簡単に生活をリッチなものにしてしまわないほうがいいと言うのです。やはり、財運・金運がいいときの生活のしかたのほうが難しいということを教えてくださったのです。

別に私は、〝清貧〟を勧めているわけではないのです。でも、自分の器以上のお金を求めたり、たまたま手にしてしまうと、その人の運気、人生のバランスが崩れてしまいます。

62ページに五行の位置を示した表がありますが、五行は、バランスよく、循環するのが最上です。「財星」は、もともと「土の気」を意味します。土の気は基本的には不動のもの。栄養素もたくさん含んでいるけれど、物事を濁らせるような不純物も含んでいるものです。また土の気は本来は動かないので財産、お金がその人にとって過多になると、執着心を生み、行動力が鈍ります。それを守ろうとする意識が、その人を苦しめ、身心を濁らせ、時には蝕むこともあるからです。「ゆとり」としての蓄えは必要といっても、気持ちが守りに入れば、10億円の貯金があっても、安心できない人もいるのです。だから、財運である土の気は、ある程度は循環させること、時には手放すことで、生きた栄養素になり、澄んだ、やさしい「ゆとり」になるということがあることも忘れないでいてください。

人生には、たまたま大きなお金が転がり込むことはあります。人によっては、「大運天冲殺」といって、20年以上続く天冲殺作用に人生で出会うことがあるのですが、そのとき、陽転（発展的な運気の波に乗る）すれば、普通の生活をしていては、手に入らないような大きなお金や財産が手に入ることがあります。有名人で、時代の風に乗って活躍しているような人には、実はこの大運天冲殺の作用が働いている人がとても多いのです。

80〜90年代に作曲家&音楽プロデューサーとして一世を風靡した小室哲哉氏などは、その突風のような天冲殺作用に乗って一大ムーブメントを築いた人です。実力があったからこそ、その運気の波に乗ったわけですが、どんな運気も終わりはあります。飛び上がったロケットは、必ず着地しなければならないのです。彼の場合も43歳からは、普通の運気に戻りました。天冲殺の間に得た、形あるものは、それが終わると、夢のように消えてしまいがちです。絶頂期には、資産100億ともいわれ、ゴージャスなセレブ生活をほしいままにした彼も大運天冲殺が終わる43歳、2001年のころには、ブームも失速。音楽事業などの失敗や離婚で多額の借金を抱え、その後、詐欺事件で有罪判決を受けるなど、大きな落差を感じさせる出来事もありました。20年か、それ以上続く「大運天冲殺」は、それが終わっていくときの運気の切り替え方がとても難しいのです。特に「陽転」して大きなお金、財産を得たときは、それに執着しないで、次の方向性を自ら作り出しながら、〝着地〟していかないと、さまざまなものを失ってしまうことも多いのです。でも、天冲殺のときに得たものは、すべてが無になるわけではありません。形のないもの、自分でコントロールできないものほど残っていきます。小室哲哉氏の作品自体や、その音楽にいろどられた時代の記憶は決して消えないように、人間にとっての財産とはお金や物ばかりではないことも忘れないでください。

財を手放すとは、循環させることです。「金は天下の回りもの」というのは、お金の動きの気まぐれさを言うだけの言葉ではありません。お金は、貯め込めばいいというものではありません。貯め込んだものは濁りやすいのです。むしろ、いい形で手放してこそ、それはあなたの新たな財産を生む力になっていくのです。

第５章

許せないことも許してみる

苦しみや不幸からどう立ち直るかが人間の品格を決める

この章では、悩みやトラブルを抱えたとき、苦しくてたまらないとき、自分は「負け組」では？　というような状況に陥ったときの対処法についてお話ししようと思います。

人間、どんなに慎重に、注意深く生きていても、必ず失敗はするものです。トラブルにも見舞われるものです。でも、失敗をしたり、トラブルに遭遇して初めてわかること、学ぶことはとても多いのです。失敗やトラブルは、次の成功のためのさまざまな情報が詰まっているといっていいほど。もちろん、できるだけ失敗もトラブルも少ないほうがいいにきまっていますが、あえて人間にとって、どちらが大切な智恵かといえば、失敗を回避する智恵よりも、断然、失敗を解決する智恵と立ち直る能力のほうでしょう。

持って生まれた運勢は人それぞれ違うものですが、苦しいこと、つらいことに出会わないで一生を過ごす人はひとりもいません。あなたから見て、「なんて恵まれている人だろう」と思う人も、実は、あなたが想像もしない苦難に出会っているかもしれないし、これから出会うかもしれません。

当然、苦しみや不幸には出会わないほうがいいに決まっています。けれど、出会ってしまったら、それにどう立ち向かうか。そこから、どう立ち直るか。それがその人間の本当の品格を決めるのです。そして、人の痛みや苦しさがわかる人間になっていくのです。

思いがけない苦難に出会って、立ち直れなくて、どんどん堕ちていってしまう人もいるでしょう。堕ちれば堕ちるほど、再び、浮上するのは大変ですが、立ち直ったときは、大きな生きる力や使命を得ることができるでしょう。

中国算命学には、「陽転」と「陰転」という考え方があります。「陽転」とは、運気がいい方向に向き、大きな成功や富や幸せを得ることを意味します。「陰転」とは、その逆で、失敗と失意を味わい、さまざまなものを失い、思いどおりに物事が進まなくなる運気を意味します。主に、何十年単位の長期的な運気を見るときに使う用語ですが、最初に運気が

「陽転」すると、そのいい運気が終わろうとするときに、運気は急に「陰転」しやすくなります。その激しい「陰転」の作用を抑えるためには、人のためになることを考えたり、何もかも自分で独占せずに、人に分け与えたりするような謙虚さが必要だとされています。

逆に、先に運気が「陰転」して、たくさんのものを失ったり、苦しく、つらい時期を過ごしていれば、その後、運気は新しいパワーを得て、「陽転」することが多いのです。ただし、「陽転」するためには、「陰転」の運気のときの過ごし方が重要なのです。自分の不運を嘆き、人を責め、何の反省もしていなければ、陰転した運気は、どこまでも暗いほうに堕ちていってしまい、失意と挫折感だけが残ってしまうでしょう。

でも、本来、運気は、「陰」は「陽」に、そして「陽」は「陰」に転じるものなのです。そのときになにより大切なのは、「心を変える」こと。

突然、大金が転がり込んだり、誰かに出会ったり、現実が動いて人生は逆転していくように見えますが、それは結果。その前に、まず心を変えなければ、敗者復活も、穏やかな運気へのソフトランディング的な安定もありえません。占いで未来を予測したら、ただそれを待つばかりではいけません。やってくる運気のために自分を変えたり智恵や心の準備をしておくことが大切です。

ひとりになりたくないと思うからさみしい

さて、そんなふうに変わりやすい人生のことをふまえたうえでの復活のしかたの話です。もし、あなたが今、苦しくて、つらくてたまらないことがあったら、まず「ひとり」になってみましょう。ひとりになる時間、ひとりになれる空間を持つことは簡単ではないかもしれませんが、心の中で誰にも頼らず、誰にも縛られずに、自分のことを考えてみることはその気になればできるはずです。ひとりになるとは、孤立することではありません。心の中で、「自分はひとりだ」と自覚することです。

占いの基本もまず「自分ひとり」のところから始まります。西洋占星術の「第1ハウス」

は、その人の自我や肉体を表す場所です。四柱推命の運気の循環は「比肩」から始まりますが、これも自分ひとりの姿を表す星です。誰でも、身近に大切な人がいるでしょう。あなたが世話をしなければ生きていかれない子供、大切な親や家族、長年、連れ添ってまるで一心同体のようなパートナー、好きで好きで離れられない人もいるでしょう。それでも、人間はやっぱりひとりなのです。

人間はひとりだ、なんてことはわかりきっている、とあなたは思うかもしれません。でも、本当にそうでしょうか？　愛していればいるほど「この人がいなければ生きていかれない」「この人は私がいなければ生きてはいかれない」というように、知らず知らずに、人に依存していることが多いものです。自分がひとりになりたくない人、ひとりになれない人は、やはり他の人をちゃんとしたひとりの人間として認め、扱ってあげることができません。そして、それが多くの苦しみやつらさを生み出しているのです。心が「ひとりになりたくない、ひとりになりたくない」と思い詰めていると、相手に望むことが多くなり、本当は誰かが側にいてくれるのに、自分が思うような対応をしてくれないことで不満だらけになり、一緒にいてもいつも寂しさを味わうことが多いものです。

なにも、あなたの愛やケアを必要としている人を放り出せ、と言っているわけではないのです。人に背を向けて、ひとりになれと言っているわけでもありません。その逆なのです。本当に愛し、本当に心のこもったケアをし、本当にその人と向き合うために、まず、心はひとりになること、あなた自身の自立が必要なのです。

恋愛がうまくいかなくなったり、結婚生活が微妙にズレてきたりすると、相手に対する不満が日々、どんどん募っていきます。それでも、今の関係を崩したくないと思ったり、ふたりの関係をどうにかしたい、と思えば思うほど、自分の思うように動いてはくれない相手に苛立ちます。でも、ちょっと立ち止まって考えてみてください。相手もひとり、あなたもひとりの人間なのです。あなたに心があるように、相手にも心があり、それはそれぞれ自分でしか変えられないものです。それなのに、相手に「こうしてほしい」「ああしてほしい」と願ってしまうから、それが思うようにかなわずに人間は苦しむものなのです。相手が密接な関係であればなおさらです。

人間が変えられるのは、自分の心だけ。人の心を変えることはできません。人を変えようと思ったら、まず自分が変わること。ただし、相手の変化はあなたの望むような方向に変わるかどうかはわからない——これがひとりひとりの人間の心の鉄則です。

それでも、恋愛や結婚関係は、うまくいかなければ解消することができますが、家族や血縁はそうはいかない面もあります。

子育ても介護もひとり立ちが最終目標

たとえば、親にとって子供は、自分が大事に大事に育てた命。幸せになってほしいし、できることは何でもしてあげたいと考えます。そして親の自分が誰よりも子供のことはわかっていると思いがちです。でも、子供は親のお腹から生まれても、別の肉体と心と運命を持っています。親が生きている間は、どんなことでもしてあげられるでしょう。でも、基本的に親は子供よりも先に死ぬもの。いずれひとりになったとき、自分で生きる力をつけてあげることが親の一番の義務であり、愛情なのです。

ひとりで生きる力とは、勉強や何かの技術だけではありません。日常的な生活の能力、人とうまくコミュニケーションをしたり、人間関係を作っていくことなども重要なひとりの人間としての能力です。子供に対して、なるべく失敗のないようになんでも先まわりして整え、子供を無菌室のような状態に置こうとするのは、愛情でもなんでもありません。多少、危なっかしくても、あなた自身がそうであったように、子供は失敗したり、転んだり、時にはちょっと悪い菌にも触れて、熱なども出したりしながら、ひとりで生きる力をつけていきます。子供が遠くに行けるのは、挫折したときに帰ってきて泣ける親の膝があるからです。でも、その親がいつまでも子供を手放さないのでは、子供はひとりで出かけて行って、自分の人生に必要なものと出会い、自分の世界を作っていくことができません。

子育ての究極の目標は、子供を「ひとり」にすること。「ひとり」で大丈夫な人間にすることです。それなのに、親がいつまでも子供の人生に介入するのは、子供をひとりにできないからではなく、実は、親がひとりになれないことが多いからです。

子供が結婚しても、結婚しなくても、親と仲良くいつまでも同居できるのは、とても幸せなことです。そういう生活を否定しているわけではありません。第3章で、家庭はもともと戦いの場であり、ひとりひとりが自分の立場を得ることが、幸せに暮らすためには必要と述べましたが、その自分の立場を得るためには、ひとりひとりが尊重され、それぞれの心がひとり立ちしていないと、家族のバランスが歪んでしまうのです。一緒に暮らしていても、心は親離れ、子離れしていないと、相手をひとりの人間として、尊重して扱ってあげることができません。

30代、40代になっても、独身で両親と同居するパラサイトシングルは、昨今、珍しいことではありません。私の周囲にもたくさんそういう状況の人はいます。親子は、世の中で一番、気をつかわないでいい相手であることも多いので、親にとっても、子供にとってもその生活は楽なことが多いし、互いにそれで納得していれば、その状況を無理に変えることはないでしょう。

パラサイトシングルの人を占うと、子供の配偶者の示す位置に、母親や父親の星が入っていることがとても多いのです。その場合は、やはり家を出ない以上は、子供は結婚しにくいと占いでは見ますが、本人がそれでいいならば、それはそれで、安定した関係ではあります。ただし、やはりそんな場合も、経済的なことも含めて、ひとりひとりが、自分の生活に責任を持って、心は自立していないと、結局は、やがて経済的にも精神的にも身動きのとれない状況に陥ってしまいます。

パラサイトしている両親という樹木は明らかに老木。その老木の枝が折れれば、今度は若い木がそれを支えるしかなく、パラサイトしていたつもりでも、いつの日か必ずパラサイトされる側になるのです。支えきれずに一緒に朽ちたりしないようにするためには、親と同居するなら、いつかは自分が相手を支える側になる覚悟をすることが必要。それには、一緒にいても心はひとり、精神的な自立をしておかなければなりません。

また、育児や介護などで、毎日の時間のほとんどを費やさなければならない時期も、長い人生の中にはあるものです。愛していればいるほど、その相手をあなたは自分の体の一

部のような感覚で世話をするでしょうし、相手もあなたに頼りきっています。美しい信頼関係であることは確かですが、その一体感があまりに強くなると、だんだん自分と相手をひとつのものと考え、依存しあい、互いを縛りあい、傷つけあいやすくなっていくのです。育児ノイローゼ、介護ウツなどは、そうした深い愛がもたらす、誰でもはまりがちな人生のエアポケットのようなものです。

朝から晩まで、小さな家の中で育児や介護で相手と向き合っていれば、どんなに仲のいい相手でも、愛している相手でも、むかつくこと、重荷に感じることはあります。頑張り屋で努力家な人ほど、それを「つらい」とか「疲れた」とか言ってしまうのをわがままに思いがち。そして、育児や介護を負担に思っている自分をダメな人間だと思って罪悪感を持ち、自分を責めたりもしがちです。

でも、全然、そんなことはないのです。人間には、ひとりになること、ひとりになれる時間は当然、誰でも必要なのです。それを持つために、できる範囲で、何日かに1度、人に育児や介護を任せて、美容院に行ったり、買い物をしたり、好きなことをするようにしてみましょう。そうして心がすっきりすれば、また明るい顔で育児も介護もできるはずです。心がスッキリして、ニコニコしている人にケアをしてもらったほうが、相手もどんなにうれしいかしれません。

そして、あなたが、「自分はひとり」と思って自立すれば、相手もひとりの人として、認め、尊重してあげることができるのです。「この人は私がいなければ生きていけない」。確かにいろいろな状況で、そういうこともあるでしょう。育児や教育やさまざまなケアが目指すのは、最終的には「ひとり立ち」だということを話しましたが、何か障害のある人、高齢の人に対しては「ひとり立ち」はもう無理、と思い込んでしまいがちです。それでも、やはり人間はどんな状態でも「ひとり立ち」が基本です。もし、あなたが、誰かの介護やケアをするならば、相手が自分でできることがなるべく多くなるように、そして相手を大事にし、その尊厳を守ってあげることが、結局自分にとっても希望となるのです。

人間と動物を一緒にするな、と怒られるかもしれませんが、私もペットのウサギを何度か介護をしています。一番長く介護したのは最初に飼ったウサギのユキでした。パスツレラ菌という細菌をほとんどのウサギは保菌しているそうで、ストレスや加齢によって免疫力が落ちると、その菌が活発に動き出し、さまざまな病気を引き起こすのだそうです。ユキが、そのパスツレラ菌が原因で、脳炎を起こしたような状態になり、首が曲がり始めたのは、彼（ユキという名ですがオスです）が8歳半のときでした。若いウサギなら、首が曲がったまま生活できたりもするらしいのですが、8歳半のユキは人間でいえば、70歳ぐらいの高齢です。すぐに首だけでなく、体全体がよじれて硬直したような容態になって倒れ、寝たきりになってしまいました。

当時は平均寿命が5、6歳とされていたウサギでは、もう十分長生きしたと言える年齢であり、その自由のきかない体があまりにもかわいそうで、私は内心、「もう、あまり苦しませないように…」と覚悟をしたのです。でも、ユキはそんな状態でも、食欲だけはありました。動物の食欲は「生きたい」というサイン以外の何ものでもありません。それで、気を取り直し、とりあえず最初は毎日、獣医さんに通い、鍼治療やレーザー治療を施してもらって治療した結果、ユキは9歳の誕生日を無事に迎え、よじれた体も少しずつ柔らかくなって、元に戻ってきました。倒れた直後は、首が動かなかったので、餌のペレットを一粒ずつ口に入れ、ニンジンなど固い野菜はすり下ろして口に入れて食べさせていたのが、数ヶ月後には自分で首を起こして、ひとりで食べられるようになったのです。「10歳までに立ち上がろう！」と、それを目標に頑張りましたが、10歳になる直前にユキは急に月に旅立ってしまいました。約1年半の介護生活でしたが、どんな姿になっても、何歳になっても、生きている以上、命はいつも前向きなんだということを、私はこの1キロほどのウサギの小さな命から教えられました。

　未来がある子育てと違って、介護などをしていると、果てしのない、甲斐のないものに思えるかもしれませんが、でも、年をとっているからといって何もかも下り坂ではないの

です。取り戻せるものはあるし、あるいはまた、新たなものに出会えるかもしれません。最後の最後まで、相手の生きる力を信じる、前向きな心を信じる、それが相手をひとりの人間として、大事にするということにつながるのでしょう。

人生の指定席は誰だって「おひとり様用」

自分がひとりであることを自覚できない人は、嫌なこと、自分の思いどおりにならないことを、必ず人のせいにします。「あの人がこうしてくれないから、私はこうできない」「私がこんなにつらいことになったのは、あの人に出会ったから」「親や子供の世話があるから、私はこれができない」……そんなふうに思っていては、いつまでもあなたの運気は、陰転するばかり、陽転のきっかけはつかめません。

もちろん、100パーセント、被害者という不運な状況も時にはあるでしょう。でも、多くの場合、苦しくつらい状況に陥る、いやなことに出会うのは、あなたのほうにも油断や甘えがあったりするものです。本当は何かをどこかで拒否しなければならなかったのではないか？　自分にも何か責任があったのでないか？　まずそこを考えないと、その状況を脱出するきっかけはつかめません。

そういう考え方の答えは、やはり「自分ひとり」の単位で考えてみなければ、出てこないものです。どんなに誰かに誘われても、ときにはだまされたりして、苦しい状況に陥っても、最後の決断をした自分の責任はあるのです。あなたひとりが背負わねばならない責任は必ずあるのです。ひとりで自分のやったことの責任を背負うことができるようになる。それこそが、自立であり、人間として生きているということです。どんなにあなたを愛してくれている親、なんでもしてくれる人がいても、自分の責任を、愛してくれている誰かに肩代わりをさせているようでは、運気が陽転する芽は、どこにも生まれてこないのです。

人間の人生の指定席は、誰だって「おひとり様用」です。夫婦、親子として長く暮らしていると、いつも指定席は「おふたり様用」「ファミリー用」のように勘違いしがちですが、どんなにいつも一緒の相手がいても、やはり「おひとり様用」です。自分が座っている席が、「おふたり様用」の席だと考えていると、そこに相手がいないことがとても空虚で孤独を感じるでしょう。たとえ、そこにパートナーが座っていても、心が通いあわなければ、ふたりで座っているのに、もっとさみしいなんてことにもなりかねません。

でも、人間はいつだってひとりだ、と考えるようにすると、きっと気がつくはずです。すぐ手を伸ばせば届くところに、やはり「おひとり様用」の椅子に座っている誰かが、身近にたくさんいることを。人間はみんなひとりだと思うこと、それが孤独やさみしさを撃退する唯一の方法です。ひとりは嫌だと思っていれば、ひとりのときほどさみしいものです。でも、本当にひとりになってみれば、自分は決してひとりではないことが見えてくるでしょう。

また、ひとりになることが重要なのは、自分自身を知ることが、なにより運を構築していくことの礎になるからでもあります。

多くの占いは、まずその人の持って生まれた性質を見るところから始めます。つまり、己を知ることがすべての基本なのです。自分のことは自分が一番わかっていると思うかもしれません。でも、それが意外にそうでもないのです。

ほとんどの占いでは、自分自身の本質と人から見られている自分を分けて解説しています。つまり誰でも外づらと内づらはある、場所によって、相手によって人格は変わるということです。そこに矛盾や相違のある人もいれば、まったく裏表のないストレートな性格の人もいますが、そこを自分でもよく分けて考えられない人が多いのです。それこそ、人に見せている自分の人格や自分が理想とする人格などが入り交じり、自分のことは自分で正確につかみにくいものなのです。そんなとき、占いで語られる自分の性格は、ひとつの基準、指標になるでしょう。「自分の本質を言い当てられた」と思うことも、「自分はこんな性格じゃない」と思うことも、どちらもよくあると思いますが、とりあえず占いで言われた自分の性格を肯定したり、否定しながら、自分の性格を考えることは、自分に合った生き方を考えるうえで、決して無駄ではありません。

西洋占星術で何座生まれというのは、その人が生まれたときの太陽の位置を示しているものです。しかし、まだ意志よりは本能的に生きているような若いときは特に、月が位置する星座の性格を自分のものとして意識したりすることも多く、太陽星座で語られる性格を「当たっていない」と感じることも多いはずです。

私自身は、蟹座の生まれですが、「家庭的で母性愛が強く…」なんて、私には、まったく当てはまらないと少女の頃はずっと思っていました。子供の頃は、特に家事を手伝わされるのが嫌いで、家にいることが退屈でした。自分より年下の子供や赤ちゃんをかわいいと感じることもほとんどありませんでした。すぐ近所に、私より数日前に生まれた、同じ蟹座のヤッコちゃんというかわいい同級生がいて、一緒に遊べば、姉の私より私の妹の面倒をよく見るし、家事なども上手で、私の母は、そんなヤッコちゃんのことをよくホメていました。その後、彼女は若くして、結婚し、子だくさんの母親になりました。私は私で「同じ蟹座なのに、どうしてこんなに違うの?」とずっと疑問で、自分が家事や家庭的なことに興味が持てないことがコンプレックスでもありました。それでも、そんな疑問や劣等感も、自分に合う生き方、自分に合った生きる場所を探すということには、とても役に立ったのです。

そして、人は変われば変わるもので、いつか、私もあれほど嫌いだった家事が大好きになり、仕事をしているからこそ、そのあい間に家で家事をしているときが、一番、ホッとできる時間になりました。子供や小さく弱いものは放ってはおけない、むしろケアしすぎるほうで、よく友人には「サボテンに水をあげすぎて枯らす蟹座」と忠告されるほどです。

仕事でも、知らない多くの人を相手にするよりは、気心の知れた数人とプライベートな話などをしながら和やかに進めるやり方が自分に合っているというところは、実は、ファミリー的なつながりの中で活き活きする蟹座そのものの生き方をしているのです。ヤッコちゃんと私のように、人によっては、生まれ持っている太陽星座の表す性格をストレートに発揮できるか、できないかの違いはありますが、でも「当たっていない」と否定ばかりせず、その性格を拡大解釈して、何かの形でそれを活かすように心がけると、自分が楽にいられる、自分らしさをうまく発揮できる場所を探すのには役に立つはずです。

地面ではヨチヨチと歩いていてかわいいけれど、不器用そうな動きしかできないペンギンは、海に潜ったとたんに、魚も顔負けの俊敏さで飛ぶように泳いで、魚を捕えます。人間も同じです。誰もが、オールマイティではありません。得意分野・不得意分野があるものです。自分が、最高にいい動きができるテリトリー、居場所を探すことが、幸せな人生には欠かせません。別に特別な活躍ができる場でなくてもいいのです。あなたがあなたらしくいられる場所、気持ちよく泳げる場所、すぐにそういう場所に出会える人もいれば、紆余曲折を経て、たどりつく人もいます。また、年代によって、居心地のいい場所も変わるでしょう。でも、でも、そんな場所を見つけ、そこでやすらかな人間関係の中に身をおくことこそ、人生の大きな幸せなのです。

以前『電車男』という本が大きな話題になりました。オタクと呼ばれる、少しマニアックな趣味にのめり込むタイプの男性が、自分の恋の相談をネットの匿名掲示板にすることで、勇気づけられ、恋を成就させていく一種のドキュメンタリーでした。当時は、ネットの世界も、オタクの世界も、それを知らない人には、なんだかわからない変な世界に思えたかもしれません。けれど、他の人には理解できないような世界でも、本人たちにとってかけがえのない居場所、人間関係なのです。

〝普通〟とか、〝人並み〟という言葉に惑わされてはいけません。そんな平均値は、なんの意味もないことが多いものです。まず、あなたは、あなたらしく生きる強さを持ってください。そのためにも、自分ひとりになること。そして、自分のことを知ろうとすること。それをしていれば、次第に自分を活かせる、居心地のいい環境と人間関係は向こうのほうから近づいてくるはず。それが運気を好転させる、大きな第一歩なのです。

自分のことをわかってもらえる努力をしよう

人間は誰もがたったひとりの存在です。でも、そのことを知った人間ほど、だからこそ人間はひとりでは生きていかれないということを知るでしょう。キチンとひとりになれば、人間はひとりでは何もできないこと、ロビンソン・クルーソーのように無人島で自給自足生活でもしない限り、現代のこの社会で、誰の世話にもならず、たったひとりだけで生きている人間などはいないことがわかるはずです。

たったひとりの自分を意識することで初めて、あなたは誰か他の人と向きあうことができるようになるはずです。誰かと仲良くすること、誰かとしっかりコミュニケーションをとる必要性も大切さもわかるでしょう。

自分は人づき合いが下手だ、コミュニケーションがうまく取れないと思っている人の多くは、厳しいことを言うようですが、自分はひとりであるという自覚が足りない人が多いかもしれません。だから、自分から発信しなくても、言うべきことを言わなくても、誰かがなんとかしてくれると心のどこかで思っているのかもしれません。でも、あなたがあなた自身で自分のことをちゃんと伝えなければ、誰もあなたに代わってそんなことはしてくれないのです。

周囲の人に、大事な恋人やパートナーに「自分のことをわかってほしい」と、思わない人はいません。誰もが、自分のことに興味を持ち、理解をしてくれる他人を欲するものです。けれど、たびたびその期待は打ち砕かれ「人は私のことをわかってくれない」と、悲しみにくれます。どうでもいい人には、わかってもらえなくてもいいけれど、自分で大事だと思う人にはわかってほしいし、その期待が裏切られると大きく落胆し、自分を卑下したり、相手を恨んだりもします。

でも、ちょっと待って。あなたは、自分のことをわかってもらえるようにちゃんと努力をしましたか？

家族なんだから、恋人なんだから、友人なんだから、わかってくれるのが当然。こんなに一緒に長くいるんだから、自分が今、どんな気持ちでいるか、わかってよ、察してよ…と、つい思ってしまうのが人間です。でも、心は目に見えないから、ちゃんと説明しなければ、相手にはわからないのが当たり前なのです。

「言葉で言わなくても、愛があれば、察してよ」

と思うかもしれませんが、愛は万能ではありません。愛があっても、やっぱりわからないことは多いのです。ただ、愛があれば、気にかけはするでしょうから、特別に愛を向けてくれない一般の人よりは、何かを感じ取る機会は増える程度です。

もし、あなたが自分をわかってほしいと思うなら、相手にわかるように伝える努力をしましょう。すねたり、ひねくれたりした伝え方でもわかってくれるのは、相手があなたに愛と興味を持っている場合だけ。そして、基本的に世の中の多くの人は、他人には無関心なものです。あなたが絶世の美女か、超有名人でもない限り……。

私は、思春期の頃、親にとって、扱いにくい子供であったことは、前にも書きました。複雑で微妙で、でも、とても切実なさまざまな感情が渦巻く思春期の頃の思いは、親に話すにはとても恥ずかしく、それを超えて話しても、きっとわかってもらえないと思っていました。

そんな気分で過ごしながら、何かで親と口げんかをした18歳のある日、心にこんな言葉がぽっと浮かびました。「親はわたしのことをわかってくれないというけれど、わたしは親のことをわかっているのだろうか」。

なぜ、そんなことを思ったのかは、覚えていませんが、そのとき、2階にあった自分の部屋の窓から、見えていた冬の青い空を覚えています。戦争を体験している父や母と、その後の平和な時代に生まれてあまり不自由なく育った自分との違いをふと感じたことがきっかけだったのかもしれません。違って当たり前、わかりあえなくて当たり前なんだなと思った瞬間に、自分は親のことを何も知らないのだと思いました。

その日から、親との関係は少しずつ変わりました。親を親としてだけではなく、ひとりの別の人格として見るようになったからでしょう。それからは、親に反抗するばかりではなく、必要なことは、冷静にうまく伝えなければ、と思ったのです。どうやれば、わかってもらえるかを考えたのです。

また、こんなこともありました。それは、20代も半ば、十分に大人になった年齢の頃のことです。いろいろつらいことがあって、毎晩毎晩、友人にいろいろな愚痴を延々と話していたことがありました。以前から仲のいい友人でしたから、夜になると自分のさみしくて、悲しい気持ちを、毎晩、泣きながら電話で聞いてもらったり、連綿と長い手紙を書いたりもしました。その彼女にはまったく関係のないことを…。最初は、やさしく聞いて、慰めてくれていた友人も、いつまでも立ち直らない私が、いい加減、重くて、ウザくなったのでしょう。あるとき、私にきっぱりと言いました。

「あのさ、人は人の気持ちなんて、実はどうでもいいものだと思うよ。聞いてあげてるのはあんたに愛があるから。でも、愛にも限りはあるのよ……」

そうなのです。私が、私の人生で何をどう思おうと、基本的に他人にはどうでもいいことです。それを感情のままに、未整理のまま、延々と垂れ流し続けた私は、心の排泄物を彼女にぶつけていただけなのです。つらい気持ちを誰かに話すことは、落ちこんだとき、とても必要なことです。それをわかっているからこそ、彼女もしばらくは、受け止めてくれていたのでしょう。でも、いつまでもいつまでも、生の、むきだしの感情をぶつけ続けるのは、やはり甘えだったのです。私は、私の気持ちの整理のために、彼女によりかかり、彼女の貴重な時間をいかに奪っていたかを知ったのです。

そのときから、私は、「人は私の話に興味はない。もし、聞いてほしかったら、相手に聞いてもらえるように話そう」と、心がけるようにしました。とはいえ、その後も、いろいろあれば、つい愚痴をこぼしてしまうのが蟹座なので、今でも失敗は多いのですが、私も、こうして少しずつ人とのコミュニケーションの方法や人を気づかう気持ちを学んだのだと思います。

コミュニケーションには、いろいろあります。時には、ナマの感情をぶつけあうことが必要です。それは多くの場合、傷つけあう危険も伴いますが、それを吐き出すことで初めて、心が動いたり、立ち直るきっかけをつかめたりもします。

でも、いつも生の感情をぶつけあうだけでは、人間関係は育ちません。いい関係を築くには、相手が受け入れやすい、理解しやすい手段や方法を考えてコミュニケーションを図る必要があります。「わかってくれない」と落ち込む前に、自分は、相手のことをわかっているか。相手にわかるように伝えているか。わかってもらいたいなら、その相手はどんな方法ならわかってくれるのか、考えてみましょう。そうすれば、きっと何かの糸口が見つかるはずです。

自分を伝えようとすることは、相手を知ろうとすること。相手を知ろうとすることが、自分を伝えることになるのです。

理解しあうのには、お互いの努力が必要です。占いの原稿を書くとき、相手ととても相性がよく、運命的な相手であるようなことを言葉で表現しようとすると、「初めて会ったのに懐かしく、すぐに打ち解けあえる関係」などと書いてしまいがちですが、どんなに相性のいい相手でも、自分の気持ちをいろいろな形で伝えあったりしなければ、本当の理解は生まれません。もとから無口、口下手で、言葉で自分を伝えることが苦手な人もいるでしょう。それなら、言葉以外でも、心を伝える術はいろいろあります。相性がいいふたりというのは、どんな方法でも、どんなやり方でも、ふたりの間にスムースなコミュニケーションが成り立つふたりのことなのです。

人とコミュニケーションが取れるようになれば、困っていること、悩みには、いろいろな解決法があることもわかるでしょう。「三人寄れば文殊の知恵」という言葉もありますが、ひとりで考えて、思いつめていては開かない扉も、人と一緒になることで開くのです。人に話して楽になることもあるでしょう。人も同じように悩んでいたり、頑張っているのを知って励まされたり、安心したりすることもあるでしょう。具体的に何かヒントをくれる人もいるでしょう。悩んだときは、ひとりになってはいけないのです。

不思議なものですが、孤独を恐れ、ひとりになりたくないと、誰かや何かにしがみついているうちは、あなたを見守り、手を差し伸べ、声をかければ振り向いてくれる人に気づかないものです。ひとりになりたくないと思っているあなたの心は、何かに執着し、閉じていることが多いからです。でも、ひとりになって、四方に心を開けば、あなたには手を貸してくれたり、コミュニケーションを持てるたくさんの人がいることに気づくでしょう。自分には、何もないと思ったときほど、あなたは、可能性という大きなものを手にしているときなのです。

過去にとらわれる「執着心」が、諸悪の根源

ところで、占いにおいて、諸悪の根源ともいうべきものは何だと思いますか？　それは、

ひとことでいえば、「執着心」です。

占いとは、時間の使い方を教えるメソッドです。そして、時間とは、すべてを変えていくものであるということをお話しました。

ということは、どんなに今に執着しても、すべてが変わってしまいます。生き物は、生と死を繰り返し、変わり続けることでしか「永遠」に到達はしないのです。多くのおとぎ話はどんなエピソードよりも、「ふたりは永遠に幸せに暮らしましたとさ……」という締めくくりの言葉が、一番、シュールなのかもしれません。

それなのに、人間の心は、今が幸せであればあるほど、変わることを拒否し、幸せな今が変わらない明日を目指そうとするのです。変わらない未来を無意識に信じてしまうのです。そこに苦しみが生まれます。

失恋や別離のつらさは、それまでの幸せなふたりの関係、過去の思い出への追憶、失われたふたりの未来への執着です。

挫折の苦しみは、失われてしまった、それまで持っていた未来への夢、それまで積み重ねてきた過去の生活や実績への執着です。

裏切りの痛みは、互いの信頼関係が失われたことのショックと、それまでのいい関係への執着です。

すべての占いは、来るべき未来を予測するために編み出されています。だから、どんな場合でも、前向きで未来志向です。占いにおいては、過ぎ去った過去は、あまり大きな意味を持ちません。その人に、今、現在の状況をもたらしている要素としての過去、昇華しきれずに引きずっているものとしての過去、あるいは統計学的な興味としての過去としか扱えないものです。

どんなに、その人に素晴らしい時代、幸せな過去があったとしても、未来に違う運気が巡れば、それは現在ではなく過去でしかないのです。人間は、どんな状況でも、今、現在から離れて未来を生きるしかありません。

運気は、日々変わります。朝のテレビのワイドショーの占いも、昨日は自分の星座が1位でも、きょうは最下位になったり、変わっていくから救われるのです。毎月、毎年、そして何十年の単位で、運気は変わっていっています。西洋占星術では、惑星は〝逆行〟しますが、それは地球上から見た動きであり、時間と同じように星は決して後戻りはしません。毎日、毎日、やって来る新しい運気を、それがたとえ過酷なものであっても、どう受け入れて、どう対処していくか。少しでもいい方法を探る。それが占いなのです。

占いにおいては過去にこだわる「執着心」が諸悪の根源なのは、それが時間と運気の流れに逆らっているからです。

失恋や別離をしたら、次に新しい愛を探すしかないのです。たとえ復活愛を望むとしても、あなた自身が変わるか、相手が変わるか、あるいは状況が変わるか。そのうち、ひとつでも変わるものがなければ、復活することは難しいでしょう。どんなに幸せな過去があっても、前のままの関係はもうありえないのです。何かが変わらなくてはならないのです。

挫折をしたり、裏切りや人間関係の破綻を味わったら、次の新しい夢や目標、人間関係を築ける相手を探すしかありません。挫折の原因、失敗をバネにして、そこから学んで、次の道を探すことが一番の立ち直る方法です。失われたものに執着している限りは、いつまでも前向きな力は出ないでしょう。

「執着心」は新たにやって来ている運気の波に乗ることを妨げるばかりか、「執着心」が作りだす、今の運気とあなたの心と身体との不整合が病気をもたらすとさえ言われています。

でも「執着心」を捨てることは、決して簡単なことではありません。

私自身も、自分の執着心の強さに、若い頃からずいぶん悩みました。もう、手遅れのこと、終わってしまったことをいつまでも引きずって、「あのとき、ああしていたら、こうしていたら」と、なんの解決にもならないことをあれこれ考え続け、落ち込み続けるのです。周囲の人々には、「もう、いい加減にしたら」と言われ続けたものですが、自分の中で「もう、いいや」と、思えるまでは人に何を言われても耳に入らないほどでした。上手に気分転換をして、「次、次」と思える人が、どれほど、うらやましかったかしれません。

占いでの性格分析では、体験や過去をどのように処理するかは、人によって、さまざまな違いが出てくる部分ではあります。人によっては、とても迅速にうまく、さまざまな感情や体験を処理していく人もいるし、処理のしかたが早いけれど、中途半端で、表面的には忘れているようで、実は全然、体験を昇華しきれていない人もいます。さしずめ私は、とても時間がかかるけれど、とりあえずひとつひとつは確実に、処理はするほうかもしれません。その納得を得る処理をするために、占いによる自分や物事やその時期の解釈が、私にはとても必要だったのです。いろんな人がいる、いろんな時期がある。そのことを知ることだけでも、占いに私の心は救われたことがありました。

こんな気分転換の下手な私が、長年かかってたどりついた「執着心」の納め方、解消の仕方。少しヒントになるかもしれないので書いておきます。

それは「許すこと」です。執着心は、さまざまなことが許せないときに起こります。変わってしまった相手が許せない、自分を傷つけたり、裏切った相手が許せない、失敗をしたり、油断をしてしまった自分が許せない、大事なものを奪ったりする理不尽な状況が許せない……。

「許さない」という気持ちは、瓶のふたを硬く閉めるネジのようなもの。硬く閉まった瓶の中に過去はとじこめられてしまいます。「許さない」ということは「忘れない」という意味での執着心です。嫌なこと、ネガティブな体験ほど許さなければ、忘れられないのです。

当然、世の中には、許してはいけないこと、忘れてはいけない出来事もたくさんあります。でも、それさえも、生っぽい感情のまま、何度も何度も心の中で取り出して「許せない」と思っている以上は、暗い執着心につながり、その人を過去にしばりつけ、前向きに生きる力を奪うものになっていってしまいます。

犯罪や事故の被害者の方が、それをきっかけに、大きく世の中や人の意識を変える活動に取り組まれているようなことを、新聞やテレビなどで拝見することがあります。「恨みに、恨みを返しても何も生まれないから」と、つらい気持ちを乗り越えて、その苦しい体験を尊い活動や生きる力に結びつけて変えていく姿に、人間の魂の強靭さと美しさを感じ、いつも感動せずにはいられません。こういう方たちのように「許せないものを許すこと」が、「許そうとすること」が、きっと人間はできるのです。

そんな大きな苦しみに比べたら、今、私たちが抱えているつらさや悩みなどは、小さなものかもしれませんが、個人にとっては切実な問題です。でも、今は許せないことも、なんとか許そうとしてみましょう。許せない人のことも、許せない自分のことも……。きっといつか許せると思ってみましょう。許さなければ、その苦しさから、あなたもいつまでも解放されません。許してみれば、きっと違う世界が開けてきます。占いでは、明日は違う運気がやって来ます。次の年は違う運気がやって来ます。何年か先には、違う運気がやって来ます。今は絶対に許せない、忘れないと思うことも、許せる日が必ず来るからです。

若い日、大失恋をしたとき、いつまでもそのことを引きずってメソメソしていた私は「もう、絶対に私の気持ちは変わらない。10年たってもきっと変わらない」などと言い張っていたことがありました。変わらないこと、思い続けることで、終わってしまったことが自分にとって、いかに重要で、大事なものであったかを証明するような気持ちだったのです。今にして思えば、いろいろな出会いに満ちた若い日々をなんて後ろ向きに無駄に過ごしてしまったのかと思いますが、それは、それで私にとっては必要な時間だったのでしょう。

あるとき、そんな頑なで強情な私に、男友だちがからかうように「なら、もう忘れなくていいよ。本当にあと10年、ヤツのこと好きだ、好きだとか言っててみろよ。本当に続いたら、オレ、逆立ちして町、歩いてやるよ」と言いました。不思議なもので、「忘れなくちゃ」とか「早く、忘れたほうがいい」とか思っていると、それに逆らいたい気分になっていたのですが、「忘れなくていい」とか「続けてみろ」とか言われると、急に意地になっていたものがなくなって、そんなに執着していることが馬鹿らしくなったりもするものです。もちろん、その失恋の痛手は、時々は思い出したりはしましたが、実際には、1年もたたないうちに次の恋をし、10年後には「そんなこともあったね」と、懐かしい昔話になっていたのは、言うまでもありません。

年齢を重ねれば、もっと深い経験として、忘れてはいけないこと、忘れられないことにも出会います。

「執着心は諸悪の根源」と言い切ってしまいましたが、逆に考えれば、執着心を何も残さない人生など無味乾燥な、ほとんど意味のないものとも言えます。執着するのは、それだけ失われた過去が幸せだったから、自分にとって愛着のあるものだったから、ともいえるのです。それを失ったときには、それ相当の、レクイエムを奏でる期間は、誰しも必要だし、それこそが人生の味わいなのかもしれません。

また、心に深く残る傷痕のようなネガティブな体験は、もっと忘れられないものかもしれません。それを治し、癒し、立ち直るためには長い時間も必要でしょう。そんなときは焦らないで。それを乗り越えようとする時間はあなたが磨かれている時間です。そして生きる目標や教訓など大きな人生の宝を探す時間だと思ってください。

過去の幸せや愛着を「執着心」という心の中の重い石のような悲しみにすることなく、過去のつらい体験を「執着心」という怨念にすることなく、あなたの心を満たしてくれるハッピーな思い出や未来をつくる力にするために、いろんなことを許してみましょう。

今は、許せないことも、少しずつ許してみましょう。それはきっと、あなたの生きる力を与えてくれるものへの扉を開くことになるから。今は、許せないことも、時は巡って、許せる日が必ず来ます。悲しみが光に変わる日が来るように。人間には、許せないことなどきっと何もないのです。

第6章

輝いている人の理由

幸福とは満月のようで不安定なもの

占いの仕事をしていて、一番よく考えたことのひとつは、人生における、いいこと、悪いことって、なんだろうということです。

占いでは、当たり前のように、幸運・不運という言葉を使います。凶運・吉運という言葉もよく使います。テレビでは毎日の占いをいい悪いで分けて、ランキングで放送していますし、私自身も雑誌などの求めに応じて、ランキング形式でよく占いの原稿を書きます。

そんなとき、いつも人間にとってのいろいろな幸福の姿を考えてみます。幸運とは、自分の思いどおりに物事が進み、予想以上の結果を出せる運気ということは確かでしょう。欲しいものが手に入ったり、何か望みがひとつかなうときも幸福感を味わえます。愛する人に出会えたり、愛されたり、いろいろな人と温かい心を通わせあったり、好きなことをして楽しい時間を過ごせたりするときも幸せです。仕事が快調に進み、業績を伸ばしたり、人から賞賛や信頼を寄せられたりするときも確かにいい運気のときと言えるでしょう。

でも、それは、本当に幸運であり、いいことだと言い切れるのでしょうか。幸福とは満月のようなもので、そこがピーク。それを維持したり、そこからさらに上を目指すのは大変だったりもします。何もかも思いどおりに物事が運べば、油断や慢心が生まれたりもします。すべてがうまくいっていると思い込んでいるときほど、周囲と自分とのズレに気づかず、失敗や不幸の種を抱え込んでしまうことも多いのです。成功は、次の成功の母になることは、案外少ないような気がします。

たとえば、宝くじが当たってしまったがために、急に金遣いが荒くなってしまい、結果的に借金を背負ったという人を知っています。簡単に手に入った幸運は、結局、大事にできず、しっかりつかむことができないのです。少女の頃、初恋の相手に「好きだ」と言ってもらえたときは、少女だったからこそ、天にも昇る幸福感に浸りましたが、次の瞬間、「嫌われたらどうしよう」と不安になったことを覚えています。幸せって、案外、不安なものなのです。新婚の喜びや幸せは、やがて退屈や倦怠に姿を変えたりもします。幸せは、一度つかんでしまうとそれに対して鈍感になるのは普通のことです。むしろ、その鈍感さこそが幸せというものなのかもしれません。

少年・少女が自分の親を殺したり、傷つけたりする事件をニュースなどで見るにつけ、幸せとはなんて脆く、運命は、時に、なんて残酷なことかと思います。十数年前、無上の喜びで腕に抱いたわが子に自分が殺される未来が用意されているなんて、誰が想像するでしょう。

こんなふうに、今日の幸せが、明日の幸せをもたらすとは限らないのが人生の難しいところ。うっかりすると、今日の幸せが、明日のお荷物、明日の不安や苦しみの種になってしまうこともあるのが、人生の厳しいところです。

一方、占いでいう不運・凶運には、いくつかパターンがあるように思います。そのひとつは、破壊的な作用です。アクシデント、失敗、誤解、病気など自分の意志に反した周囲の変化で不本意な状況に追いやられ、それまでの安定と幸福が消えてしまうことです。

そして、もうひとつ不運の傾向は、停滞や束縛。どうあがいて、もがいても、自分の思うようにはならない状況に閉じ込められて、虚無感や無力感にさいなまれることでしょう。

確かに、信じていた未来や安定した生活が突然断ち切られたら、ショックですし、大きな不幸でしょう。けれども、あえて言ってしまえば、変化そのものは、人生には必要なことなのです。

新しいビルは古い建物を壊さないと建てることはできません。古いもののよさはあるでしょう。でも、実は、新しいものを取り入れないことには、古いものをも維持することはできず、おいていかれてしまうのです。どんなに、昭和30年代の生活が懐かしくても、テレビは昔のモノクロよりも、今のクリアなデジタル画像のほうがいいですよね。子供がかわいいからといって、いつまでも赤ちゃんでは困ります。現実は、スクラップ&ビルトを繰り返して、新しくなり、前に進みます。生き物の体内では毎日、無数の細胞が消滅と再生を繰り返しています。人も自分の人生を精一杯生きて死ぬことで、次の世代にバトンを渡していくのです。生と死で、大きな命の種としての新陳代謝を繰り返しているのです。

その変化が、順序を守った、ゆっくり穏やかなものであれば、人はさみしさややるせなさを抱えながらも受け入れていくのかもしれません。予想外の大きな変化や破壊には、人の心もついていけずに大きなショックを受ける。まさに凶運です。そのショックは計り知れない痛みをもたらすでしょう。それでも、あえて言えば、生きている以上、変化は現実の中では受け入れざるをえないのです。

長い人生の中で、ショッキングな事件的な変化に出会う人もいれば、そういう出来事には遭遇せずに一生を終える人もいます。それは、その人の持って生まれた運勢によって違いますが、失敗をしない人間はいないように、多かれ少なかれ、誰でも、凶運とも言うべき不運にはどうしても出会ってしまうものです。だからこそ、大切なのは、その変化や不運をどう受け入れ、次に活かすかなのです。

あまりにも大きな不幸や失敗、破綻などは受け入れるのに時間がかかるでしょう。でも、時間をかけてそれを受け入れて、自分を変え、そのとき、そのときにあった環境の中でより満足のいく生き方を目指すことは、誰にでもできることなのです。

よく事業などで大成功した人の中には、一時は失敗して無一文になったようなドン底の苦労時代があり、そこで得た着想・教訓が成功に導いたというエピソードを持つ人がとても多いものです。病を得ると健康のありがたさ、大事さを痛感し、それ以前より体に気をつけて、長寿を得ることも多いもの。「一病息災」とは、本当によく言ったものです。大きな失敗や苦しい体験から、自分の生きる使命に目覚めた人の話しもよく聞きます。災害救助のニュースなどで「先の大震災での教訓をいかし……」という言葉をよく聞きますが、多くの犠牲者を出した災害や事件などからは、同じことを二度と引き起こさないような教訓と対策を得ていくことが、失われた命に報いることでもあるのです。

昔、お話を伺っていた中国算命学の大家の老師が、「政治が乱れると天変地異が起きる。天は、そうして強制的に世の中をシャッフルして、変えようとする」という話をされました。理不尽な災害や受け入れがたい不運などにも、人間はなんとか納得できる理由づけを持ちたがるものだ、ともいえるでしょう。残念ですが、確かに、そうした大きな出来事、犠牲がなければ、人間は過ちに気づかなかったりするのです。どんなに気をつけても、気をつかっても失敗をしない人間はいません。すべての不運をあらかじめ回避できる人間もいません。

不運や失敗は、気づきをもたらすもの。

そう考えてみましょう。そこから、何も気づくことなく過ごしてしまえば、それはただの意味のない不運や失敗でしかありませんが、そこから得るものがあれば、それは次の成功の種になるのです。

失敗や不運に出会ったときは、「何かに気づきなさい」「何かを変えなさい」と運気は教えているのです。気づいて変わることを促しているのです。変わることを不幸と思ってはいけません。この世の中で変わらないものは何もないのですから。

また、そうすると「停滞・束縛」など、動けない不運・不幸のほうが怖いようですが、この「停滞・束縛」も、決して永遠に続くものではないことを考えれば、そこは、じっくり腰をすえるとき、時期を待つときと解釈するようにすればいいのです。焦らなくても、必ず人生には変化のときがやってきます。あなたは、やがて必ず変われるのです。

天冲殺は運気の変わり目

人は、どんなときに一番、パワーが出るか、一番輝けるか。というと、実は、幸せにどっぷり満たされているときより、そんな変化しなければ乗り越えられない壁にぶち当たったときのほうが輝くのです。

落ち込みから抜け出そうと必死だったり、自分を変えようと、何かをつかもうと頑張っていたりするときのほうが不思議なことに魅力的に見えたり、大きな成果をあげたりするのです。自転車をこぐと、その摩擦熱で発電するような仕組みがありますが、生き物の力もそんなものかもしれません。

お金の章でも少し話しましたが、四柱推命などの考え方で「天冲殺」というものがあります。有名な占いの先生方は、この時期をさまざまな別の名前で呼んでいらっしゃいますが、12年に2年、1年に2ヵ月、12日に2日、必ず巡ってくる運気の落ち込む凶運気ととらえられます（それが最低でも20年以上続く大運天冲殺というものもありますが、その運気は、人生の主要な時期に巡る人と、巡らない人がいます）。それは、確かに、自分では運気をコントロールしにくい時期なのですが、現象としては悪いことばかり起こるとは限りません。むしろ、今まで、経験したことがないことが経験できたりします。芸能人などでは、この天冲殺の時期にブレイクしたり、目立ったりする人はとても多いのです。

天冲殺は、基本的には運気の変わり目。それまでの運気の枠を取り払い、自由に可能性を試させるように、常ならない状態にその人を置くものです。それで、いつも以上の実力を発揮してしまうこともあるので、私自身はこの時期を、〝まるで背中に羽根がはえたような時期〟と表現したりもしています。変わり目だからこそ、輝くのです。一生懸命に次の自分を探そうとするとき、人間は、大きな力を発揮できるし、一生懸命にまさる輝きはないのです。

とはいえ、天冲殺は現実感が失われている世界を生きている時期です。ですから天冲殺

の運気が終わって、また現実の世界に戻ると、その期間に得たものは夢か幻のように消えてしまったり、役に立たないものになったりしがちです。それで、天冲殺はとても恐ろしい運気と言われるのです。

けれど、天冲殺の運気は、ただ怖いだけの運気ではありません。

第4章の「お金とうまくつき合う」で、90年代に音楽の世界に一大ムーブメントを起こした小室哲哉さんが、そのとき20年続く「大運天冲殺」の運気の真っ最中だったことに触れましたが、自分の年運の天冲殺の期間に一世を風靡して、一躍、有名になる人もかなり多いのです。天冲殺の運気の見方は、いろいろ複雑な側面がありますが、基本的に、そこは、それまで、あなたを包んでいた現実の枠を取り払って未来への可能性を広げる運気の時期であることは間違いないからです。

たとえば、2000年（庚辰）のシドニーオリンピックの女子マラソンで高橋尚子さんが金メダルを獲得したのは、彼女の年運が天冲殺の年でした。辰巳天冲殺の生まれだった彼女は、翌2001年（辛巳）には、女子マラソンの世界新記録を出しています。

ただ2002年（壬午）に2年間の天冲殺の運が終わって、少し風向きが変わり、2003年（癸未）は勤めていた会社を退社、2004年（甲申）には次の五輪代表の座を逃し、2005年（乙酉）は長年、指導を受けていた監督からも独立することになりました。

また、2013年（癸巳）、NHK朝のテレビ小説「あまちゃん」のヒロインを演じて大人気になった能年玲奈さん。その年は辰巳天冲殺の生まれの彼女にとっては天冲殺の年でした。その成功と話題を引っ提げて、その後、大活躍…と誰もが期待したはずですが、事務所からの独立問題などがあって、しばらく表に出ることなく、2016年（丙申）の年に、芸名を変えて再出発ということになったりしています。

天冲殺の期間での活躍が、まぐれ当たり的なフロックだと言っているのではありません。天冲殺の期間に大きく羽ばたくような出来事があるのは、それまでの努力が実ったり、才能を開花させるきっかけをうまくつかんだからに他なりません。頑張っても、逆に天冲殺の期間に、普段なら出会わないような不運に出会う場合も多いものです。

でも、天冲殺は運気の変わり目のイレギュラーな期間。どんなに悪いことがあっても、それを糧に次の場所へと進むきっかけが、天冲殺が終わってしばらくすれば、必ずみつかるはずです。一方、どんなによいことがあっても、天冲殺の前や、その最中と同じことをしていては同じようには続かないし、元のところにも戻れません。その意味では、天冲殺にとてもよいことがあった場合の方が苦しいのかもしれません。

天冲殺の運気のように極端な激しさ、変わり方をしなくても、運気は日々変わっていきます。

でも、運気が変わってしまったことを受け入れられず、自分を変えられない人は世の中に少なくありません。とくに過去に栄光や幸せがあればそれに執着してしまいがちですが、すべては過去のこと。どんなに立派な実績も、輝いた時代もすべては過去になっていきます。それをいつまでも胸に飾って誇っていても、必ず色あせていくのです。

子育てをしていれば、「あんなにかわいかった子供がなぜ……」と思う日もあるでしょう。でも、かわいかったのはすべて過去のこと。親が大事にしなければならなくて大切なことは、その子の過去より現在と未来です。

人間はつい、いい思いをした時期のこと、幸せな過去にしがみついてしまいがちですが、いつもいつも思い出語りをする人は、決して輝いている人とはいえません。輝いている人は、今と未来を見ている人です。

人間、変わりたいと思ってすぐに変われるわけではありませんが、変わりたいと思って一生懸命になっている人が、一番輝いているのです。

何も仕事や栄誉を得るために変わろうとしている人だけが、輝けるわけではありません。子育てで一生懸命の母親は、その子供の今と将来をなによりも大事に考えています。その子を育てるという形で今を変えようとしている姿は輝いています。何か古い伝統を必死に守ろうとしている人。その人も、将来に何かを残すためには、今、何をすべきかを考えているのだから、輝いています。未来を見て、今を懸命に生きていれば、誰でも輝けるのです。

だから、もし、つらいこと、悲しいことに出会っても、少し時間が過ぎて、心が落ち着いたら、顔を上げて少し遠くを見てみましょう。明日のこと、明後日のこと、そして数ヵ月先、1年後のことを考えてみましょう。それさえできれば、あなたは幸せになる力を取り戻せます。もう一度、これまでとは違う、これまで以上の輝きを取り戻せるでしょう。

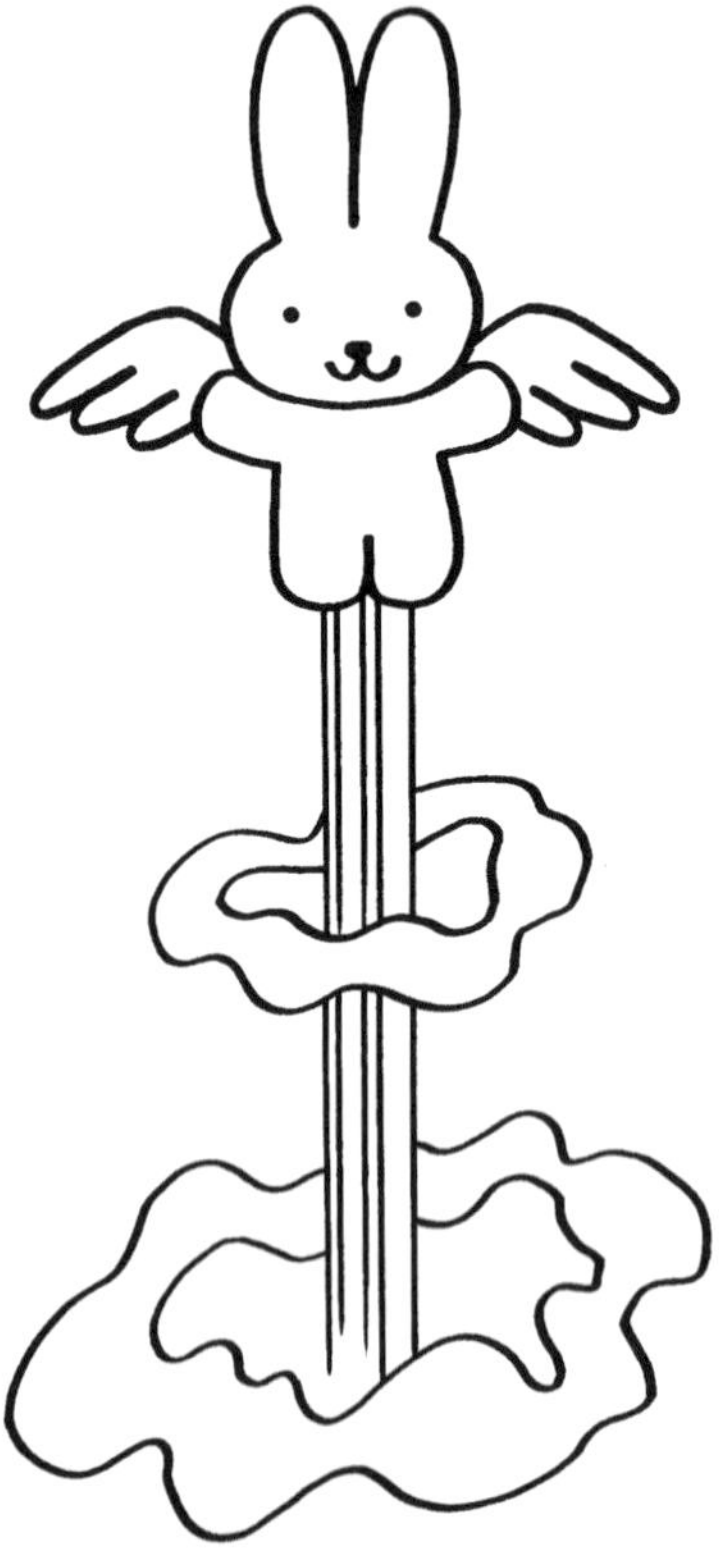

人が変わるためのふたつの方法

「人は変われる、人は変われる」、と言われても、どうしていいのかわからない。変わりたいけれど、とても変われるとは思えない。そう、思っているあなたに、あなたが変われる、とっておきのふたつの方法をお教えします。

ひとつは「目的を持つこと」。

もうひとつは「自分の好きなことを大事にすること」です。

目的は、将来の自分のあるべき理想の姿などの自分の人生を支えるような大きな夢でもいいですし、時には、次の春には、どこに花見に行きたい、大好きなアーチストの次のコンサートに行きたいとか、小さなものでもいいのです。今は幼い子供を、成人させるまで頑張る。それも素晴らしい目的です。夢や目的は、その人の目を未来に向けてくれます。

そして、夢や目的を持てば、きっとあなたの現在は変わるはず。その目的のために、今、何をすべきかが見えてくるからです。そのときから、毎日が意味のあるものになるのです。

四柱推命の考え方でいえば、目的意識を表すのは「正官」「偏官」の官星です。官星は、同時に行動の星であり、プライドの星です。

プライドというのは、生きるうえで大事なものですが、扱い方の難しいものです。人生において、無駄に高すぎるプライドほど、その人をスポイルするものはないでしょう。事件などを起こす人が、実はかつては優等生だったり、大変なエリートだったりすることが、よくあります。有名大学を出ても、実社会にうまくなじめず、結局は、引きこもりになったりする話も珍しくはありません。どんなにいい学校を出ても、社会に出れば最初は下積みから始まります。たとえ、医者とか何か素晴らしい資格を持っていたとしても、それだけで、最初から社会で認められる人は誰もいません。新人としてスタートラインにつかされたとき、それまでのエリート意識が邪魔になる人とならない人がいます。その違いは、何かといえば、目的意識の有無。自分が、どうなりたいか。そのビジョンをはっきり持っているか、いないかの違いです。

プライドなんて、傷つけられるためにあるようなもの。そういう意味では、誰もが、傷つきながら生きています。でも、みんな平気な顔をしているのは、なぜでしょう。それは、目的があるからです。仕事を早く覚えたければ、たとえ年下の先輩にでも、教えを乞うことはできるはずです。この会社と契約をしたいと思えば、嫌な営業担当相手にも、なんとかうまくコネクションをつけようという思いで、頭も下げられるでしょう。

時には、プライドを捨てるのもプライドといえるのは、プライドは目的を達成するために持つものだからです。目的遂行のために、できることはなんでもするのがプライドなのです。目的を持つことが、あなたの人生に本当のプライドと輝きを与えるのです。

そして、目的を得るために必要なのが「好き」という気持ちです。

「好きこそものの上手なれ」という言葉があります。どんなに得意で、他の人より抜きん出てできることでも、好きでなければ努力も続かないし、やっていて面白くもないから続きません。最初は、他の人に比べて、全然技能が劣っていても、好きで続けていれば、ト

ップにはなれなくても、あなたなりの個性をその道で活かせることもできるでしょう。SMAPの歌で有名になった、

「ナンバーワンよりオンリーワン」

を目指せばいいのです。

歌が好きなら歌い続ければいいのです。プロにはなれなくても、ましてや何かのコンクールで賞などとれなくても、好きな歌を歌い続ければ、それが生きる支えにきっとなります。いつか知り合いを集めた小さなライブをやろう。そんな目標を持てば、毎日の生活にもきっと張りができるでしょう。ナンバー1になるという目的は、好きという気持ちだけではかなえられないかもしれませんが、オンリー1になるという目的は、あなたが好きでやり続けられることならば、きっと達成できます。そして、人生の幸せというのは、自分が本気で夢中になれるもの、好きになれるものにいくつ出会えたか。何かに夢中になれた密度の濃い時間をどれだけ過ごせたか、で決まるのだと思います。何かを好きという気持ちは、人とは比べなくていいのです。その好きなものは、あなたが好きだから価値がある

のですから。そして、だから、あなたを幸せにしてくれるのです。人と比べて、勝った、負けたと思っているうちは、それは本当に好きとはいえないのかもしれません。勝った、負けたという気持ちとかけ離れたところに、本当に好きなものがあるように、あなたの幸せもそこにあるのです。

好きなことは何でもいいのです。たとえ、あまりお金にならないような研究などに入れ込んで、家族もなく、貧乏をしても、本当に好きな研究に自分の一生を費やすことができれば、それはそれで幸せでしょう。稼いだお金をホストクラブで使い果たしても、競馬でいつも負けてしまっても、自分が本当に好きでやっていて、それに幸せを感じていて、人に迷惑かけてさえいなければ、それはOKな人生です。

他人に「あんなふうにはなりたくない」と見られたところで、あなたは他人のために生きているわけではありません。世間の多くの人にとっての幸せの形に、あなたが幸せを感じるかどうかは、わからないではありませんか。あなたが幸せか不幸かをジャッジするのは、世間ではなく、あなた自身なのです。あなたは、あなたの責任で、その肉体とその能力を使い果たして、その一生を生き抜くしかないのです。あなたの幸せは、人から与えられるものでもなく、人を真似するものでもなく、あなた自身が探して作り上げていくものです。自分の好きなことを見つけ、そこから何か生きる支えになる目的を持てたら、あなたはきっと変われるし、あなたにふさわしい生きるべき場所、幸せへ続く道はきっとそこから開けていくでしょう。

もうひとつ、忘れてはならないこと、それは生きているものの特長は、変わるのに時間がかかることです。機械はボタンひとつで切り替えができます。クリックひとつで世界を変えることができます。でも生きているものは、そうはいきません。人間は母体からこの世に生まれてくるまで10ヵ月。大人になるまでに約20年。繁殖力の強いウサギでさえ、1ヵ月の妊娠期間と約半年の成熟の時間がないと、大人にはなれません。まして人間の心が変わるのに時間がかかって当たり前です。すぐに、目的が見つからなくても、変われなくても焦ることはないのです。

もちろん、誰にでも命には限りがありますし、何十年も迷いっぱなしで後ろ向きでいては、やはり人生を棒に振ったことになるのかもしれません。先に天冲殺の話をしました。12年のうちの2年間、1年のうちの2ヵ月間、12日のうちの2日間やってくる天冲殺。運命の変わり目であるという天冲殺に、このように少し時間の幅があるのは、人間はやはりすぐには変われないからなのでしょう。逆にいえば、人間にとって、大きなことでは2年間、中くらいのことでは2ヵ月、小さなことでは2日間ぐらいは迷ってもいいし、そのぐらいは何の目的もなく過ごしても許される時間なのかもしれません。その間にさまざまなことを試し、考え、やがて、ひとつ目的を持つことで、あなたの人生は新たに始まります。急ぐことはないのです。2年ぐらいは過去の思い出に浸ったり、自己憐憫に溺れたり、グズグズして心を休めてもいい、ゆっくり考えてもいい。でも、それが限度、と占いは教えているのかもしれません。

とはいえ、人間に与えられた時間というのは、決して平等ではありません。日本の平均寿命は男女とも80歳を超えていますが、考え方を変えれば、それまでに同年代の半数の人は死ぬのです。

古くは黒澤明映画の傑作『生きる』や以前、ベストセラーになった『世界の中心で愛を叫ぶ』などなど、難病に冒されて限りある時間を生きる人を題材にしたドラマや映画の作品はとても多く作られています。悲しい話なのに、人がそういう話に惹きつけられるのはなぜでしょう。

それは、自分の命の期限を区切られたとき、その限りある時間に何をするか、そんな目的を持ったことで、その人の命が断然、輝き始めることをそれらの作品が語っているからでしょう。人は、そこに凝縮された命の輝き、死と生に向きあうときの人の気高さに目を奪われるのです。

占いでは、暗黙のルールで、人の寿命を占ってはいけないとされています。でも、少し話をするとすれば、死の暗示はさまざまなパターンがあります。「ここで死んでもおかしくない」「ここは乗り切れないかも」と思う運気は、人それぞれ、いろいろな時期に巡って来ています。そこをクリアするかどうかは、やはりその人の生き方にかかっているのです。もちろん、生き方のいい人が長生きで、悪い人が早く死ぬなどと言っているのではありません。どんな生き方をしても、どんな死に方でも、人は自分を燃焼しつくしたときに死ぬのだと、私は思います。

若くしてこの世を去る人、志半ばで突然、枝が断ち切られるように人生を終える人、理不尽な死は周囲にはたくさんあります。生まれ落ちて、数日、数ヵ月しかこの世にいられなかった小さな命もあるでしょう。それでも、みんな、持って生まれた命を燃焼しつくしたのです。突然、まるでピクニックにでも行くように、気楽に自殺してしまうような若者もいます。残された人はたまらないかもしれませんが、でも、やはりその若者はその若者なりに自分の命をその瞬間に燃焼しつくしたのだと思います。それは、当然、間違った燃焼のしかたですが……。

何かをやりかけて、これからというときに突然、亡くなったりすると、本当に心残りだろう、と胸が痛くなる死も多いものです。でも、もしその人が何か目的を持って頑張っていたり、それをやりかけていたら、その人生は、それでOKなのです。

目的は、必ずしも、達成するために持つものでもありません。その人の人生を支え、意味あるものにするために持つものです。与えられた命の長さは、人それぞれ違います。ひとりひとりが、違う運気の形を与えられているのですから。でも、もし、本当に好きなもの、好きな人に出会って、それを求める目的を持って生きていたのなら、どんなに短くても、どんなに突然、断ち切られたりしても、それは十分、意味のある人生なのです。万が一、どうしてもそう思えない形で、人生を終えた人が身近にいたら、それは残されたものたちへ、その人の生と死の重さを感じさせること、そのものを目的として残す意味のあった人生だったのではないでしょうか。その人の死そのものが残された人に何か目的になるものを与えるという意味があったのかもしれません。

私は、占いを語るときに、「時が巡れば、夢は必ずかなう」という言葉をいつもいろいろな場面で添えていました。本気でひとつの目的をそらさない強い思いがあれば、最初夢に見た形とは少し違ったものにはなるかもしれませんが、夢や目的は、必ずかないます。

自分がどんなにスーパースターになりたいと思っても、誰もがなれるわけではありません。けれど、スーパースターになってしたかったことは何なのでしょう。お金持ちになりたいのか、人から憧れられる存在になりたいのか、人に勇気やパワーを与えたいのか。それは少し規模を小さくすれば、ひとつはきっとかなえることはできるでしょう。ご近所のライブハウスでいい音楽をきかせてくれる人気者、何かがすごく上手で子供たちに憧れられる人、自分の職業を通して、人に勇気やパワーを与えられる人。それはあなたにしかなれない〝スーパースター〟なのです。

でも、目的や目的がかなうためには、何かが変わらなければかないません。変わるのはあなた自身でしょうか？　相手でしょうか？　周囲の状況でしょうか？　時代でしょうか？　繰り返しお話してきたように、時は巡り、運気は次々に変わり、いろいろなものが変わっていくでしょう。そのとき、あなたの夢や目的が変わっていなければ、きっと夢や目的は何らかの形でとらえることはできるのです。だからこそ、人は変わることを恐れてはいけないのです。

けれど、人生はテレビドラマのように夢や目的がかなって、最終回ではありません。夢の先、目的を達成したさらに先こそが、あなたの人生なのです。

夢や目的は、もちろん達成するために頑張るのですが、達成したときには、消えてしまうものです。そして、また次の目的が自然に生まれてきたりして、永遠に到達するところはないのかもしれません。逆に、次の夢や目的が見つからなければ、しばらくぼんやりと行き暮れた時間を過ごしてしまうのかもしれません。

憧れの職業に就くのを目的に頑張って、それがかなえば、その職業でさらに高みを目指したくなるものです。好きな人と結婚の夢がかなえば、今度は子供が欲しくなり、子供の健やかな成長を願って、子育てが終われば、今度は別の夢や目標がないと、抜け殻のような人生になってしまうでしょう。もう夢はすべてかなって、したいことがないと思いながら生きている時間は、生きているとはいえないのかもしれません。与えられた命が尽きるまで、たとえ中途半端に終わっても、やり残したことがあっても、できること、したいことをし続けて、最後の瞬間まで目的を持って終わっていくのが、きっと素晴らしい人生なのです。

夭逝した本田美奈子さんの尊い生き方

わずか38歳の若さで、白血病に倒れ、帰らぬ人となった歌手の本田美奈子さん。アイドルとしてスターになることは、天性の魅力と運がなければできないことですが、本田さんがすごかったのは、そこからミュージカルからクラッシクまで歌える歌唱力を身につけていったこと。私も、彼女の舞台は何度か拝見したことがありますが、細身の身体から出てくる声量豊かで魂のこもった歌声は、見るものを圧倒し、感動させるものでした。葬儀にかけつけた多くの芸能人は、歌ひと筋で、周囲を大切にしていた彼女の人柄を口々に語り、その若すぎる死を涙で悼みました。まだ38歳、元気だったらこれからどれだけたくさんの人をその歌声で魅了し、癒したのだろうと思うと、私も残念でなりません。いえ、誰よりも本田さんご自身が無念だったでしょう。もっともっと生きて、たくさんの歌を歌い、いい仕事をしたかったに違いないのです。

でも、少し乱暴な言い方ですが、人生は、どんなふうに生きても、後悔は残るものです。あのとき、ああしていたら……?、別の道を選んでいたら…?　そんな思いをひとつも抱かないで、生きている人などいないでしょう。ああも生きてみたかった、こうも生きたかった、でもこうしか生きられなかった、で終わるのが人生なのではないでしょうか。

だから、ひとつ目的を持つことができて、「まだまだ、もっともっと」と思いながら未来を夢見て、人生を終えていかれた人は、どんなに短い人生でも、人からは志半ばで終わったように見えても、それは別の見方をすれば、充実した幸せな人生なのかもしれません。

人生は、目的を達成することに意味があるのではなく、目的を持つことに意味があるのです。成功することが尊いのではなく、自分がこの人生でできることを、できる限り、力の限り、することが尊いのです。

そして、もし、その目的や志にあなたの魂がこもってさえいれば、それは、あなたの肉体が滅んだ後にも、それを未来へつないでいく人はきっと現れるでしょう。

亡くなった人のことを、「あの人は私の心の中で生きている」というのは単なる気休めだと、若い頃は、私は思っていました。子供の頃の私の願いは「死んでも命があるように」でした。死ぬのがなにより怖くて、そんなバカな話をしていたのですが、今は、それは夢ではないと思っています。人は、肉体が滅んでもきっと、ずっと生き続ける「思い」というものもあるからです。

本田美奈子さんの歌声や映像はこれからも聴く人の心に残り、その歌ひと筋の生き方は、また伝説としても残っていくでしょう。松田優作、美空ひばり、石原裕次郎、ジョン・レノンなど、亡くなったスターはその作品を通し、今も生きているかのような活躍をしています。モーツァルトやチャイコフスキーなどクラシック音楽の作曲家だって同じです。第二次世界大戦の最中にナチスのユダヤ人収容所で短い命を閉じたアンネ・フランクは「私は死んでも生き続ける」と言ったそうですが、彼女は死んだ後も、書き残した『アンネの日記』を通して、大きく広い世界を生きたのです。

私は、よく歴史上の人物などの生年月日がわかると、占ってみたりすることがあります。

本当は、どんな人だったのか、占いから人物像を探ってみるのも結構、楽しいものです。たとえば新撰組組長の近藤勇。彼も、若くして志半ばで死んだ人ですが、何度も小説や映像で蘇り、今も生き続ける人でもあります。不思議なのは、今に続く新撰組像のベースを築いたといわれる子母澤寛の小説『新撰組始末記』の連載が「東京日日新聞」で始まった年とされる昭和3年は、近藤勇が処刑された1868年からちょうど60年後の1928年。干支は60年で一巡しますから、同じ「戊辰」の年。子母澤寛が、意図的にその年を意識して書き始めたのかはわかりませんが、まるで接木されたように、近藤勇はそこから新たな命を吹き込まれて、歴史上の人物として蘇ったのです。私は、歴史物の作品に出会うたび、いつもその人物の魂とそれを語り継いだ人々の思いが、現在を生きている表現者をインスパイヤーし、その手を借りて、蘇っているのだという感じを強く持ちます。

有名な人物でなくても、思いを残したことを未来につなげることはできます。あなたが愛情を注いだものの中に、魂をこめたものの中に必ず、あなたの思いは生き続けるのです。強い思いや愛が時空を超えて生き続けることは、「愛の章」でもお話しました。だからこそ、何歳になっても、時間があまりなくて、どんな環境にいても、強い思いや愛を向けるものを探すこと、求めていくことが生きていくことそのものになるのです。

あなたが今、どんなつらい境遇にあっても、少し心を落ち着かせて、自分の好きなことを肯定し、大切にしてみましょう。そしてささやかなものでもいい、なかなか実現できそうにないものでもいい。本気になれる夢や目的を持つこと。それがあなたを輝かせるものの種になるのです。その種を胸に視線を上げて未来を見て、今、できることを、できるところまでやってみましょう。そのとき、あなたの人生は再び始まります。きっと何度でもスタートをきれます。そして、あなたが未来を見つめている限り、その思いは、きっとあなたの命を超えて、ずっと先まで続いていくはずです。

第7章

占いは敗者復活の美学
～終わりにかえて

人生は負けてみなければわからないことだらけ

かつて、いろいろ占いのことを教えていただいた中国算命学の大家の老師が、私に言ったことがあります。

「占いは敗者復活の美学だ」と。

当時、まだ若かった私は、その言葉を聞きながら、秘かに思っていました。「私は人生の敗者になんかならないもん。私は占いを利用して、負けないように生きるんだから」

若さとは不遜なものです。その頃の私は、占いの知識はいろいろあっても、実は、その本質への理解も、解釈も、使い方も通り一遍で、本当に表面的なことしかわかっていなかったのです。

それから現在にいたるまで、私は、決してドラマチックな人生を生きていたわけではありませんが、日々の生活の中で、いろいろなことに出会って、いろいろなことも見てきました。占いによって、大きな災いは避けているつもりですが、それでも失敗もたくさんして、後悔もたくさん抱えています。だけど、そうやって生きてきて初めて、昔よりは、少しだけ占いが語っていることの意味、その教えの深さに触れられるようになってきたことだけは確かなのです。

失敗をしたとき、負けたと思ったときほど、占いの教えは心に響くのです。挫折感や絶望感、将来の不安にさいなまれ、どうしていいのかわからない、と途方に暮れたときにこそ、占いの言葉は、救いと光明を与えてくれるものです。いろいろなことを教え、あなたを強くしてくれるのは、占いだけに限りません。のん気に平和に暮らしているときより、失敗や敗北感を味わったときに、人間の心は活発に働いて、それまで見えていなかったことが見えたり、わかったりするものなのです。

言い方を変えれば、人生では、負けてみなければわからないことばかりだということです。自分で痛い思いをしなければ人の痛みはわからないように、負けたことで初めて得る智恵も、やさしさも、使命もあるのです。そして、負けたことを乗り越えて立ち上がるたびに、人は、前より魅力的に輝き、人間として生きる力も増していくのです。本当の勝利というのは、ずっと負けないことではなく、負けたことから立ち直ったときにつかみ取れるもの。どうしようもなくつらく、苦しいときは、あなたの心は強くなっているときなのです。

未来を見続けていれば、あなた自身の力でいいことばかりに変えられる!

だから、占いはいつも教えています。

「すべての答えは今ではなく未来にある」と。

「失敗したな」と後悔することがあります。迷って迷って、それが正解であるかどうかはわからないけれど、仕方なくひとつの道を選択することもあります。でも、それは本当に失敗だったのか、本当に正解だったかどうか。その答えは、すぐにはわかりません。答えが出るのは、ずっと先の未来にあるのです。

そして、いつだって、未来はあなたが作るものです。言い換えれば、その失敗や選択を「正解」にするのは、これからのあなた自身であり、それは運命が決めることではありません。

さらに言えば、「正解」はひとつではありません。人生は何度でもやり直して、過去の失敗や間違った選択を「正解」に変えることはできます。占いで教えている変化のときとは、ただ怖いだけのものではなく、人生のやり直しのタイミングを教えるものでもあるからです。

負け犬だ、勝ち犬だ、勝ち組だ、負け組だ、上流・下流と、インパクト勝負の無神経な言葉が世の中には溢れています。それは、貧富の差が広がり、二極化しつつある世界情勢、社会の雰囲気を、敏感にとらえている言葉なのかもしれません。

けれど、極論すれば、人はひとり残らず、すべて「負け組」です。勝って終わる人生などひとつもないと私は思っています。だって人は誰でもいつかは死ぬから。今は、どんなに美しく豊かで、栄華を誇っても、やがてはその生を終え、すべては消えていきます。最後は死んで終わる人生、死に向かっていく「負け戦」を、すべての人は生きているのです。「占いは敗者復活の美学」とは、占いには、失敗した人、一度はドン底まで落ちた人を、また立ち上がらせる教え、言葉に満ちているという意味でもあったでしょう。一方ではまた、やがては死ぬすべての人間が、その生をまっとうして、「負け戦」を「勝ち戦」にするための教えでもあったのだと私自身わかったのは、最近のことです。

占いの教えが、なぜ負けを勝ちに変え、負け戦の人生を勝ち戦に変えていくか。それは、占いがその人の運気の流れを教え、そのとき、その人にあった生き方とチャンスをつかむタイミングを教えるからです。そして、もっと大きくとらえれば、時は流れ、運気は変わり、また巡ってくると教えること自体に占いの一番大きな価値はあるのです。

今はダメでも明日はよくなるかも。今は最高によくても、それは決してずっとは続かない。少し先には、必ず別の運気が巡ってくる。だから必ずやり直せる未来があることを、占いは教えてくれます。命がある限り、明日は新しい運気が巡って来て、あなたは生き直せるのです。だからこそ、どんな敗者も救える、復活できるのです。心と身体、精神と現実の世界の違いがわかれば、たとえ死の前に肉体が敗れさっても、心は決して滅ばず、復活させる道があることさえ、占いは教えてくれています。逆に、どんなにうまくいっていることも、決してずっとは続かない。どんなにうまくやってそれを続けたとしても、個人の命はやがて尽きてしまいます。だから人間は、運気の流れ、天の定めの前に謙虚にならなければならないことも、占いは教えています。

人生には、いいこともあれば悪いこともある。いいときもあれば悪いときもある。そんなことをさんざん言っていますが、それをこの本のタイトルのように「いいことばかり」にする方法は、もちろんあるのです。それは、まさに、そんな運気の浮き沈みを冷静に受け止めること、それだけです。

思うようにならないことが多いのが人生です。でも、落ち込むことも、悩むことも、次に立ち上がるために必要な準備期間。どんなに悪いときも、それは素晴らしい未来を得るために必要な過程だと考えてみましょう。そうすれば、人生には「悪いこと」はなくなり、「いいことばかり」になるのではないでしょうか。どんなに今が苦しくても、それは輝く未来のために必要な途中経過、そう考えれば、あなた自身の力で、すべてをいいことばかりにできるのです。あなたが目を上げて、未来を見続けている限り……。

ここまで私は、自分が占いから得た智恵や思いを、それがひとりでも多くの方の心を明るくし、生きる力になり、幸せを探すきっかけになればと、書き綴ってきました。

かなり暗くて、あぶなっかしかった私自身の若い日々の姿や情けない失敗談なども書きましたが、そんな過去のダメな経験、数々の失敗を経て、私は少しだけ占いがわかるようになり、原稿にして人にお伝えすることもできるようになったのだと思います。

挫折や敗北感、諦めを経なければつかめなかった言葉、もらえなかった力はたくさんあるのです。そうして得た私の言葉が、この本を通して読んでくださった方の心を少しでも軽くしたり、幸せな生き方を探すきっかけになれば、私の痛い思いもきつかった体験も無駄ではない、意味のあることにもなるでしょう。もちろん、あなた自身の失敗や挫折も、それからあなたが生きる力と智恵を得れば、何ひとつ無駄にはならないのです。

また、私がこの本で語ったことは、現在、今の時点での私の占いに対する解釈であったり、考え方です。まだまだ年を重ね、いろいろな失敗をし、さまざまな思いを味わえば、変わっていくかもしれません。

かの老師が「占いは敗者復活の美学」とおっしゃった言葉を聞いてから、そのことを私がある程度理解するまでに、どれだけの時間がかかったでしょう。今はもうその老師は、この世にはいらっしゃいません。親が言った言葉も、本当にその深さがわかったのは親と離れて暮らすようになってからです。多くの教えは、自分でそれを理解できたときには、それを教えてくれた人はすでに、いないものなのかもしれません。でもきっと、心や思いはそうやってゆっくり伝わっていくものなのでしょう。

だから、この本で出会った言葉や話も、思い出さなくてもいいから、忘れないで、ちょっと心の片隅に置いておいてください。この先、あなたが何かに打ちひしがれたとき、落ち込んだときに、ここで出会った言葉が何かの役に立つことがあるかもしれません。
そのときはもう、この本はあなたの手元になく、私も占いなどの原稿を書いていないかもしれませんが、いつか、あなたの心を温めたり、気持ちを変えたり、支えたりできる言葉が、この本の中にひとつかふたつでもあれば幸いなこと。この本が、あなたにとって、時々思い出す昔の友だちのようなものになれますように……。

二〇〇六年　立春

水晶玉子

新しい〝運気〟を得て…

11年ぶりに、この本が重版されることになりました。
それにあたり、占いを語るうえで、わかりやすい例として書いていた有名人の方々の話の一部を改訂し、文章の時制などに少しだけ手を加えています。

改めて読み直してみると、自分の子供のころや若い日々のこと、とるに足らないけれど、私にとっては重要と思えていた出来事をちょっと恥ずかしいくらい正直に書いていて驚きました。中には、最近では、自分でもすっかり忘れているようなエピソードもあって、改めて、自分がなぜ占いに興味をもったか、深さを感じたか、それに救われてきたかを再認識することができました。

たまたま文章にしていたりすれば、こうして思い出すこともありますが、人って、本当に、どんどん忘れていってしまうような小さな出来事を積み重ねて、〝今の自分〟になっていることを感じます。

過去は変えられないけれど、それをどう考え、生かすかは、現在の自分と未来のあなた。占いとは、そんな時間の流れ方の法則性とそれがすべてを変えていくこと、その中で変わらないものもあることを教えてくれるメソッド。そして、時間の流れを味方にするための教えです。

初版の文章の最後に添えてある日付が「二〇〇六年　立春」。

付け加える、この文章を書いているのが、11年後の立春の翌日なのも時間が織りなす、ちょっと不思議な偶然です。

10年間のサイクルを経て、まるで次の節目が始まるようにこの本にも新しい運が巡ったのかもしれません。

時にはある発見が何百年後に歴史の解釈を大きく変えたりするように、どんな出来事もすっかり終わったと思ったこともまた次の運が巡ると動き出し、変わっていくことがあります。それが運の巡りの不思議さと醍醐味です。

新たに生まれ変わった、この本が、必要とする人の手元に届き、ささやかでもお力になれる未来を思って……。

二〇一七年　春吉日

水晶玉子

いいことばかり起《お》きる女《おんな》になる!

著者　水晶玉子《すいしょうたまこ》

発行日　2006年2月8日　第1刷発行
　　　　2017年11月21日　第3刷発行

発行者　海老原美登里
発行所　株式会社　集英社
　　　　〒101-8050　東京都千代田区一ツ橋2-5-10
　　　　(編集部)　03(3230)6399
電　話　(販売部)　03(3230)6393(書店専用)
　　　　(読者係)　03(3230)6080

印　刷　図書印刷株式会社
製本所　図書印刷株式会社

 ISBN4-08-333046-5
定価はカバーに表示してあります。